新说上古

北军 著

北方文艺出版社

图书在版编目（CIP）数据

新说上古 / 北军著. -- 哈尔滨：北方文艺出版社，2020.8
　ISBN 978-7-5317-4825-0

Ⅰ.①新… Ⅱ.①北… Ⅲ.①中国历史 – 上古史 – 通俗读物 Ⅳ.① K209

中国版本图书馆 CIP 数据核字 (2020) 第 130591 号

新 说 上 古
XIN SHUO SHANGGU

作　　者 / 北　军	
责任编辑 / 富翔强　暴　磊	装帧设计 / 树上微出版
出版发行 / 北方文艺出版社	邮　编 / 150090
发行电话 /（0451）86825533	经　销 / 新华书店
地　　址 / 哈尔滨市南岗区宣庆小区 1 号楼	网　址 / www.bfwy.com
印　　刷 / 武汉市卓源印务有限公司	开　本 / 880×1230　1/32
字　　数 / 175 千	印　张 / 7.5
版　　次 / 2020 年 8 月第 1 版	印　次 / 2020 年 8 月第 1 次印刷
书　　号 / ISBN 978-7-5317-4825-0	定　价 / 58.00 元

前 言

有梦相伴

从教多年,年逾不惑,却似乎一事无成。

生平无其他特别爱好,只爱书。25岁之前迷恋文学,25岁之后迷恋历史。赚了钱,除了养家,便是买书,家中已有藏书逾万本。

书看多了,便想写,一直以来,想写一部属于自己的中国历史。苦于无时间,更知自己无那水平。于是这个想法就成了我的梦,一个登天般的梦。

梦难以实现,便成了我的心结。常在夜深难眠时,出门看天。我喜欢纯,哪怕是漆般的黑。可是,天并不黑,仅是灰黑,且泛着黄,似病人,因为有灯。于是,我恨起灯来,恨它的朝灭暮明,按部就班。就似我,日日无异,生命只是循环。时间如金,却似流水,转瞬东流。我愿,是一根火柴,擦燃,便亮起耀眼的火焰,虽然那只是刹那……栏杆拍遍,无人会,登临意,这才是最大的悲哀。

今天,我终于鼓起很大的勇气,挤出点滴时间,静下心来构建自己的梦,书写自己的心。力求通俗有趣而不戏说,希望能够做到系统、客观、严谨，希望我的生命更坚强，希望能坚持把我心中的通史写完，自娱自乐亦可，当然更希望以此作品寻得人生伯乐与知音。

　　登天是孤独的，但如果有梦相伴，这种孤独就可以忽略了。

目 录

第一节　　阵容强大的"三皇"　　　1
第二节　　云遮雾罩的"五帝"　　　5
第三节　　禅让的美丽神话　　　　12
第四节　　爷俩打拼家天下　　　　18
第五节　　狩猎失国的国王　　　　24
第六节　　待机的"美女炸弹"　　29
第七节　　英雄死于温柔乡　　　　34
第八节　　一统天下的寒浞　　　　39
第九节　　一次快乐的旅游　　　　45
第十节　　去打开另一扇窗　　　　50
第十一节　燎原的星星之火　　　　55
第十二节　多行不义必自毙　　　　60
第十三节　大夏王国的复活　　　　64
第十四节　大夏的芬芳时代　　　　68
第十五节　吃龙奇人姒孔甲　　　　73
第十六节　绝色妖姬施妹喜　　　　81
第十七节　商族的发展简史　　　　87
第十八节　不祭鬼神的后果　　　　93
第十九节　奴隶转身变宰相　　　　99

第二十节	缚虎容易纵虎难	105
第二十一节	都是避雨惹的祸	111
第二十二节	国王被关了禁闭	119
第二十三节	伊尹死亡的真相	124
第二十四节	抢位游戏的高潮	130
第二十五节	必须老大说了算	135
第二十六节	强盛的武丁时代	141
第二十七节	走向没落的帝国	149
第二十八节	红颜并非罪太美	155
第二十九节	周族的成长简史	163
第三十节	封建制度的创立	169
第三十一节	东征缘于"红眼病"	173
第三十二节	姬家的黄金时代	181
第三十三节	草根逆袭高富帅	188
第三十四节	周穆王和徐偃王	195
第三十五节	百足虫虽死不僵	201
第三十六节	被误读的改革家	208
第三十七节	无冕的天子姬和	214
第三十八节	伐西戎首战告负	218
第三十九节	昙花一现的中兴	222
第四十节	烽火戏诸侯的童话	227

第一节 阵容强大的"三皇"

中国的历史，可先从远古神话时代谈起。盘古开天辟地的故事，最早见于《三五历纪》，作者是三国时代吴国的徐整。它的情况就像《圣经》中的《创世记》，明显是想象的产物。

而此后三皇五帝的形象，一般都是半兽半人的，因此，那个时代可称为"半兽人时代"。

由《吕氏春秋》隆重推出的"三皇"组合，顾名思义，共有三名成员，最通行的说法是伏羲、女娲、神农。此组合阵容强大，粉丝众多，在中国历史上更是拿奖拿到手软。

伏羲，三皇之首，是远古华胥部落和大风部落的爱情结晶。他的老爸名叫雷祖，听这名字就叫人发颤，而他的职务更牛，是大风部落的酋长。因此伏羲命很好，是含着金汤匙出生的，之后子承父业，带领华胥部落和大风部落，取代了没落的燧人部落，并就任伏羲部落的首任大酋长，政治所在地为陈（今河南淮阳县）。

史书中的伏羲堪称伟大发明家，归功于他的发明主要有六件。第一，发明网，捕鱼捕猎。第二，发明了用火烹饪。第三，发明传统乐器——瑟。第四，发明了原始契约合同——契。第五，首创八卦。第六，制定婚嫁之礼。

据《伏羲氏皇策辞》记载，伏羲继承老爸的职位，是在他32岁时,又有史书记载,伏羲在位164年才去世,由此可以推测伏羲享年196岁,真正的半仙之体。这确实让人难以置信,即使那时环境纯天然,没有雾霾,人也很难活那么久。不过,神话便是如此,信不信由你。其实,信了,才更有趣。

在中国历史上,伏羲功绩巨大,不仅被列为三皇之首,而且被称为"人祖"。而据史载,伏羲部落是以"龙"为其图腾的,也正是由伏羲开始,中华民族又被称为龙的民族,所有炎黄子孙,皆称自己为龙的传人。

伏羲死后,他的妹妹兼妻子女娲继任,远古时代社会的重要特征之一,便是群婚或乱婚,兄妹之间成婚也就不足为怪了。

而关于女娲兄妹成婚之事,《独异志》中则有记载,这又是一个关于人类繁衍的传说:据说华胥部落的成员在一次大水灾中,遭受了灭顶之灾,只有伏羲和女娲两兄妹,因为坐在葫芦里,漂到了蓝田临潼交接的一座山上,才幸免于难。他们相依为命,为了人类的繁衍,两人商议结为夫妻,又觉得羞耻,于是把自己的命运托付给上天,决定用占卜的方式来决定,他们各自点起了篝火,立下誓言,说:"上天如果不让人类绝迹,要让我兄妹二人结为夫妻,就让两堆火的烟合为一股吧;若不同意我们结为夫妻,就让两堆火的烟分开吧。"两股浓烟迅速纠缠在一起,于是两人结为夫妻。

这原是洪水遗民再造人类的神话,情形酷似《圣经》中的"诺亚方舟"故事,流传于西南苗、瑶等少数民族中,而《山海经》也有记载:西南有巴国。大皞(太昊伏羲)生咸鸟,咸鸟生乘釐,乘釐生后照,后照是始为巴人。即伏羲的曾孙后照为巴国人的始祖,可见伏羲兄妹似乎更应属苗瑶等少数民族。

当然,此时,华夏老祖黄帝尚未诞生,故此华夏族更未形成,更无少数民族的概念了。

女娲继任伏羲部落的第二任酋长后,功绩更是远超了伏羲,伟大得颇为荒诞,一为造人,因为不想惹达尔文生气的缘故,在此对女娲造人的具体过程不予细表。二为炼五色石以补苍天。据曹雪芹所说,其中一块五色石被弃在青埂峰下,经过煅烧通了灵性,之后则跟着贾宝玉的前世——神瑛侍者投胎至人间。

女娲为何补天?因为天上出现了一个大窟窿,天河之水注入了人间。而补天前奏曲,却是女娲大战共工的故事。或许从中可以将她补天的真相略窥一斑。

共工原名康回,共工是他的官职,是伏羲时期的治水重臣,因伏羲死后不服女娲而造反。上古时候,水灾是危害人类生存的第一大灾害,精通治水之术的共工的反叛,给伏羲部落带来了可怕的洪灾。我们有理由相信,共工还会以其御水之术来反击女娲,即水攻。

水攻的杀伤力很强,战国时晋国权臣智伯曾水淹赵氏的晋阳,三国时期的关羽曾水淹曹操的七军。相信开战初始,共工的水攻一定使女娲相当狼狈,但最终女娲笑到了最后,战胜并擒杀了共工,并弭止了水患。

女娲死后,又传十五世,直至伏羲部落衰落。传说中的伏羲与女娲外形怪异,都是半兽半人,即人头蛇身。而伏羲兄妹外貌被异化的源头,应主要来自伏羲部落龙的图腾。

伏羲部落衰落之后，神农氏便登上历史的舞台，是否是神农氏取代伏羲氏而获得了统治权，历史无确切记载。据《帝王世纪》记载，神农氏又被称炎帝，因在姜水边长大，故为姜姓，依然为半兽人，只是外形稍微可观些，即人首牛身。因炎帝教民农耕，故号曰神农。

神农的主要功绩为：制作农具，教老百姓从事农业生产；尝百草，著《神农本草》，治病救人；制作五弦琴；将八卦发展为六十四卦。

关于神农之死，浙江、四川民间皆有传说，即神农为民治病，尝遍百草，最后不幸尝到了断肠草，刚入咽喉，肠已寸断，其献身精神，让人肃然起敬。

据《帝王世纪》记载：炎帝死后，神农氏的统治传了八代，传至炎帝的八世孙姜榆冈，俗话说，富不过三代，待在高位上久了，难免腐化，姜榆冈的统治应该是不成功的。因此《史记》中记载，有熊部落的黄帝兴起之时，神农氏势力衰败，部落之间互相侵伐，暴虐百姓，而神农氏却无力征讨平定、掌控大局。

接下来，便是神农部落的惨败史了。姜榆冈先败于九黎部落的蚩尤，再败于有熊部落的黄帝，正式结束了曾经强大了五百年之久的神农部落的统治时代。

江山易主，中国开始进入黄帝王朝。三皇时代也正式结束，历史进入了五帝时代。

第二节 云遮雾罩的"五帝"

黄帝王朝的建立,标志着五帝时代的开始,而"五帝"之说则大约形成于周秦之际。

五帝的组合,更是云遮雾罩,自古以来,便有不同的说法,在此姑且依《史记》说法,即五帝分别为:黄帝、颛顼、帝喾、尧、舜。

黄帝,姓姬或公孙,名轩辕,其首都在有熊(今河南新郑)又称有熊氏,是有熊部落的首任大酋长。黄帝原来应是少典部落的世袭酋长,父亲姓名不详,母亲名附实,是出自神农部落的炎帝后裔。

大凡伟大的人总是天赋异禀,黄帝当然也不例外。这位老哥出生于约4400年前,天生异相,智商很高,出生未到70天便开口说话,长大后果然能力出众,先降服了神农部落,又擒获并杀死了九黎部落的蚩尤,建立了黄帝王朝,并被奉为华夏老祖。

此后历史归于他的无上功绩有:败神农,杀蚩尤,始创华夏;制定干支甲子,用来计算年月,制黄帝历(具体执行者大挠);养蚕织帛(具体执行者嫘祖);创造文字(具体执行者仓颉);做律吕,制乐器,配音乐(具体执行者伶伦);做医书《黄帝内经》(具体执行者岐伯);做算术,制定各种度量衡（具体执行者隶首）；冶铜，以之做兵器及宝鼎；计亩设井，划野分州；建宫室舟车，制衣服冠冕。

总而言之，该降服的都让黄帝降服了，该发明的、该制定的都让以黄帝为首的领导核心发明了、制定了，所以他被后世奉为华夏族的老祖。

众所周知，华夏族的老祖有两位，一位是黄帝，另一位则是炎帝，故此中华儿女又称"炎黄子孙"。《史记》则大致记录了黄帝成就帝业的过程，也道出"炎黄子孙"称谓的渊源，后世史书关于炎黄之说也多依《史记》。

距今约4500年前，黄河流域三雄并存，即九黎部落、神农部落、有熊部落。

九黎部落原据黄河流域的下游，首领为蚩尤。神农部落据黄河流域的中游，首领为炎帝。双方势力范围互有交接，难免摩擦不断，但九黎部落的武器似乎更为先进，所以神农部落常居下风。

有熊部落原据西北，后也顺北洛水南下，向黄河流域发展，也与神农部落产生了矛盾，一山难容三虎，三方之战在所难免。

有熊部落的首领黄帝——姬轩辕，率主力先与神农部落在阪泉展开决战，经过三次大战，最终打败了炎帝，从而实现了神农部落与有熊部落的联合。

吞并神农部落之后，有熊部落实力大增，一鼓作气，涿鹿一战，擒杀蚩尤，消灭了九黎部落。至此，炎帝、黄帝的神农部落和有熊部落得以融合，并在中原地区生存繁衍，形成了今后的华夏民族。故此，华夏民族自称是"炎黄子孙"。

虽然，以上关于"炎黄子孙"的说法，历经数千年，已成传统，但是由于距今年代久远，史迹湮没，其中仍有诸多疑点。其一，黄帝与炎帝并列为华夏祖先，两者之间是否有血缘关系，历代皆有争议。其二，炎帝被黄帝打败后，下落如何，史书不见记载，但按照历代"成则王败则寇"的传统，炎帝应该被杀或放逐，何能以败军之将，与黄帝并称"炎黄"，共为华夏族祖先，且位列黄帝之前？其三，蚩尤除了是九黎部落酋长以外，与黄帝、炎帝之间有何渊源？

据《帝王世纪》和《国语·晋语》记载可知，炎帝（神农氏）的老爸叫作少典，而少典正是黄帝的祖先。此外，黄帝的老妈附实则是炎帝的后裔。可见四百多年前的炎帝当然是黄帝的祖先了。

而与黄帝交锋的此炎帝并非彼炎帝（神农氏），乃是炎帝（神农氏）的八世孙、神农部落的第八代炎帝姜榆罔。

那么蚩尤究竟是何方神圣，是不是在历代正史中所描写的野蛮部落的残暴凶徒呢？《路史·蚩尤传》载："蚩尤姜姓，炎帝之裔也。"又有《述异志》载："太原村落间祭蚩尤神不用牛头。"为什么呢？正是因为蚩尤是炎帝的后裔，而传说中的炎帝是牛首人身的。

可见蚩尤和姜榆罔才是神农氏系统的，只不过姜榆罔是炎帝嫡系，姜蚩尤是支系而已，二者之争才是兄弟之争。

综上所述，不妨将华夏三强之战还原如下。

少典生炎帝，称神农氏，是神农部落的第一任大酋长。

炎帝死后410年，传至第八代炎帝姜榆罔时，神农部落势力渐衰，大小部落已不听其政令，外患又添内斗，即家族统治权之争。

争斗的两位主角便是神农家族的嫡系神农部落的第八代炎帝姜榆罔和支系九黎部落酋长姜蚩尤，而一直虎视眈眈的强邻有熊部落则乘机兴起。

而姜榆罔因败于姜蚩尤，便寻求外援，即借黄帝为首有熊部落的势力，来平息内乱，却未曾想引狼入室，被有熊部落乘机击败并吞并，从而神农部落的政权被有熊部落取代，黄帝亦成了新有熊部落的第一任酋长。

而炎黄之间的大战，应当是很惨烈的，据《吕氏春秋·荡兵篇》载，双方都使用了两大原始武器——水攻和火攻。而《绎史》更夸张地将逐鹿之战场以"血流漂杵"来形容。

黄帝也发挥了其超级创造性，驯养了猛兽充当"特种作战兵团"，兵团主要兵员为"熊罴貔貅貙虎"，熊、虎二兽，人人皆知，而罴乃熊的一种，因个大且常直立行走，故被称人熊或马熊。貔貅则是古时猛兽，古书中说它似虎、似熊、似狐，遍体色白；貙也是古时猛兽，据古书记载，说它像野猫，但比野猫大。而如今，貔貅和貙早已灭绝了，而熊、罴和老虎也成了保护动物了。

击败神农氏末代炎帝姜榆罔后，黄帝的首要任务便是彻底剿灭神农部落的残余势力了，完成这项任务的最大障碍自然是神农家族的另一位铁腕人物姜蚩尤了，虽然最初黄帝与蚩尤战况不利，九战而不胜，但最终凭优势兵力击败并擒杀了蚩尤。

然而，争斗的双方似乎蚩尤更得人心，故此黄帝擒杀蚩尤之后，蚩尤虽不幸以失败告终，但民间却奉蚩尤为战神，且民间的舆论，似乎也更倾向于蚩尤那边。《皇览·冢墓记》

与《云笈七籖》记载，蚩尤被杀死后，他的枷栲，被掷于荒野，化作了枫树，枫叶之红就像蚩尤枷栲之血，在诉说他的怨恨，而民间亦依其墓冢对其进行祭祀。

参与黄帝与蚩尤之战的还有一位名人，即夸父，夸父之所以成为名人，并不是因为这场战争，而是因"夸父追日"这个成语，而夸父的真实死因却不是逐日干渴。《山海经·大荒北经》载："应龙（黄帝的大将）已杀蚩尤，又杀夸父。"而据《海内经》和《大荒北经》所记载的炎帝谱系，夸父也是炎帝的后裔，原来夸父和蚩尤同属神农一族，也参加了这场蚩尤为炎帝复仇的战争，最终也被杀戮。

此后，神农部属仍有反抗，但已仅为余响，不足为患，较为著名的斗士唯有刑天而已。刑天战死后被葬于常羊山，而这也正是炎帝的出生地。

至此黄帝大获成功，最终巩固了自己的无上地位，统一了黄河流域，从而奠定了华夏民族的基础，因此被尊奉为华夏各族祖先。

而黄帝的有熊部落又是承接炎帝的神农部落衣钵的，且黄帝又是炎帝的后裔，姬轩辕为了证明自己地位的正统，一边大肆丑化曾经的强敌蚩尤，一边大肆尊奉炎帝。因此炎黄二帝被并称，且炎帝在前，黄帝在后。"炎黄子孙"自此得名。

黄帝也是一位老寿星，在位百年而崩，年110岁。孙子姬高阳即位，史称颛顼帝。

颛顼帝的老爸是姬昌意，是黄帝的次子，老妈是涂山氏的女子昌仆。颛顼先以穷桑为首都，后都商丘，即位时20岁，在位78年，享年98岁。

颛顼的贡献各史都广而泛之，却无法具体而谈。他的最大贡献似乎是扩大了民族活动的范围，北至幽陵，南至交趾。西至流沙，东至蟠木。

颛顼是在黄帝死了7年后才即位的。这一点很奇怪，也就是说，黄帝与颛顼之间竟有7年的权力真空。黄帝死后为何其子不能即位？为何颛顼7年后才即位？

这在《竹书纪年》中可得答案：黄帝既仙去，其臣有左彻者，削木为黄帝之像，率诸侯朝奉之。黄帝死七年，其臣左彻乃立颛顼。

原来在此7年间，当权者是黄帝时期的权臣——左彻。这位左彻确实胆大包天，竟在黄帝死后，以木头刻成黄帝的像，以此作为傀儡，自行摄政之权。左彻的最终结局如何？史书没有记载，于是成了一个谜。

颛顼死后，接替其位的不是他的儿子，而是他的堂侄——姬高辛。姬高辛就是后人称为帝喾的。据《帝王世纪》记载，他从15岁时就辅佐叔叔颛顼，30岁登位，都亳（河南偃师），在位75年，享年105岁。

帝喾似乎更无可以炫耀的资本，各史书对他的记载也只是由一堆万能赞誉之词堆积而成，可以值得自豪的事情似乎只有两件，第一，刚出生就能说出自己的名字。奇哉！怪哉！第二，生了个比他更出名的儿子——伊放勋，也就是尧。

帝喾死后，长子姬挚即位，姬挚只是一位过渡性的人物，姬挚在位仅9年，便被冠以"不善"的骂名，遭诸侯放逐。《帝王世纪》载：帝挚之母于四人之中其班最下，而挚年兄弟最长，故得登帝位，封异母弟放勋为唐侯，挚在位九年，政软弱，而唐侯德盛，诸侯归之。

可怜的姬挚不仅自己被骂，还连累老妈。早知道，这9年的大酋长之位，不做也罢。

姬挚退位后，他的异母弟伊放勋（尧）接了老哥的班，开始了他如诗如画的圣人生涯，亦开始了中国历史上美丽的禅让神话，这个神话将由尧、舜、禹三位"实力派演员"倾情奉献。

第三节 禅让的美丽神话

三皇五帝的大戏即将谢幕,尾声却异常浪漫,表演者是三位男士,大名尧、舜、禹。

大禹治水,妇孺皆知。而前两位堪称是被历代史官倾溢赞美之词最多的人物了,因为是几千年前的事,年代遥远,史官们就可以有较多的遐想空间,尽力塑造自己心目中的理想君王,而最根本的原因,还是这两位的禅让行为,将自己的江山让与了他人,从而获得了大公无私的美名。可事实是否如此呢?

可先从尧的身世谈起。尧可算是真正的贵族血统,因为他爷爷的爷爷是黄帝。但凡炎黄子孙,相信都应知道黄帝的大名。黄帝,姬轩辕,有熊部落的首领,这位老哥出生于约4400年前,长大后能力超人,先降服了神农部落的炎帝,又擒获并杀死了九黎部落的蚩尤,建立了黄帝王朝,并被奉为华夏老祖。

而尧就是黄帝的嫡系重孙,只是尧不知何时改了姓,大名伊放勋,(《帝王世纪》载:尧初生时,其母在三河之南,寄居于伊长儒之家,故从母居为姓也)荣登黄帝王朝的第六任君王宝座。

尧的前任不是他老爸,而是同父异母的老哥姬挚,尧与

第三节 禅让的美丽神话

姬挚可不是和平接班的,而是充满血腥的宫廷政变的结果——姬挚是被诸侯(地方酋长)们联合赶下了台,此后姬挚的下落,史无记载,《史记》也只以"帝挚立,不善,而弟放勋继立,是为帝尧"数言带过,不过根据"成王败寇"的传统推断,估计姬挚的下场不会很好,最大的可能应该是被砍头,相信被流放是其最美好的结局了。

至于新上台的尧帝人品如何,且看司马迁在《史记》中引述孔子的评价:其仁如天,其智如神,就之如日,望之如云。高而不骄,贵而不舒。简单译意便是:尧啊!他的仁爱像天,他的智慧如神,走近他就能感受到太阳般的温暖,远望他如云霞般灿烂,他富有而不骄,高贵而不傲慢。禅位与舜的尧在儒家系统的史书中真正地成了淡泊名利的圣人。

史称尧因长子丹朱不肖,又看中了舜的美德和能力,便将两个女儿娥皇、女英嫁与舜为妻,又命九个儿子和舜一同工作,以便观察舜的为人,后来尧见舜应付各方,都很有方法,便叫舜帮着掌管政事,舜帮尧治理多年国事,尧觉得舜确实很好,便决心把王位禅让给舜。《史记》以一言带过:卒授舜以天下。《帝王世纪》一书中也提道:尧取散宜氏女,曰女皇,生丹朱,又有庶子九人,皆不肖,授以天下命舜。可是历史真相是否如此?

答案可从《竹书纪年》略窥一斑。

应该说舜的崛起,其实在于其炒作的成功,诸如历山开垦荒地时爱护动物、雷泽钓鱼时和气谦让、黄河之滨做陶器时专心耐心等平凡小事,经过技术炒作,竟都成了其伟大人格的载体,于是舜在数年之内迅速蹿红,以致尧以儿子丹朱难当大任等违心之语来试探四大亲信酋长——四岳时，他们竟一致推荐年方30的舜为尧接班人。

而偏偏舜的来历也并不简单，他是黄帝的九世孙，和尧原本一家，虽然论辈分尧长舜四辈，但舜终究也属于贵族血统。此时尧内心的震惊可想而知，深思之后，便双管齐下，也不管辈分是否乱了大伦，先嫁女与舜以便拉拢，再派九个儿子以协助舜工作为名行监督之实。

但支持舜的力量很强大，舜的接班人的地位已难以撼动，一切都阻挡不了舜的掌权步伐，舜重用他的亲信八恺八元十六人，从而成功地架空了尧，先摄行天子事，再由尧的禅让而实现了其登上国王宝座的雄心。

此后老迈的尧却不能安度晚年退休的生活，而是到全国各地巡回视察，并死在了距离首都平阳数百公里、千山万水之外的阳城。尧死于何因？巡视？放逐？还是另有其因？

且看《竹书纪年》中的几则记载，便见分晓。舜囚尧于平阳，取之帝位。舜囚尧，复偃塞丹朱，使不与父相见也。可怜的尧帝其实被囚死于尧城（今山东甄城），临死前不得与亲人见面，当然包括丹朱在内。覆巢之下怎会有完卵，尧的继承人——嫡长子丹朱自然不会有好下场，不仅被冠以不肖的骂名，而且被流放于蛮荒之地丹水（今山西平阳）。据《竹书纪年》记载，后稷放帝子丹朱于丹水（今河南内乡），原来周武王姬发的十六世始祖——后稷也是舜的帮凶。

而娥皇、女英与舜的结合，某种程度上，或许尧的本意是牺牲女儿以色诱舜，进而达到控制舜的目的，却未曾料到爱情战败了亲情，两个女儿竟都死心塌地地爱上了舜。于是

第三节 禅让的美丽神话

舜在娥皇、女英的协助之下步步走向了成功,先粉碎了同父异母弟姚象两次谋杀的阴谋,并把姚象放逐到了有庳(今湖南省道县),最终取得了部落内部斗争的胜利。相信这次斗争是复杂而艰辛的,因为姚象有他老爸老妈的支持,而舜只是一人。

《史记》中完整地记载了这两次阴谋,一次是老爸瞽叟和姚象把舜骗到仓廪之上,并打算把他烧死,却被舜用斗笠护体从天安然降落,而另一次则是让舜下井,然后把他活埋,却被舜从井内暗道逃出,过程虽惊险,但结局却是喜剧,最终爸妈弟三人被舜的宽容、孝顺的美德所感化,一家人和睦相处,其乐融融。

原本应该充满残酷血腥的内斗历史,却演化成了情节离奇的童话故事,不能不让人赞叹古代史学家的丰富的想象力。此后舜的目标更加宏伟而明确,当然是登上权力最高峰!内有两位娇妻相助,外有八元八恺运作,舜终于以女婿的身份夺得了岳父的大权,可叹尧赔了女儿又折命,惨死成了禅让,空留圣人美名,沉冤千古谁人知!

经过了28年的运筹帷幄,舜终于如愿以偿,于58岁时等到了岳父的去世,夺得了岳父的江山,三年后舜还表演了一出喜剧,让位于被他丑化许久的大舅子丹朱,结果不言自明,谁会选择无权无势的丹朱做主子呢?自此,舜以为他的江山必将固若金汤,但事实却完全出人意料。

当局者迷,旁观者清。登上帝王宝座的舜,由一个旁观者转为一个当局者,渐趋昏庸,直至被后起之秀——禹所放逐,而禹的老爸就是鲧——尧时重臣夏部落的酋长。早在多

15

年以前，鲧就被舜诛杀，理由很简单，治水不得其法，贻害千万苍生。但又碍于大夏部落实力比较强大，且精于水利建设，舜被迫启用禹来继承他老爸未竟的事业——治水，以示自己的客观公正、任人唯贤。

禹虽然年纪轻，出道不久，但也是黄帝的五世孙，与尧是同辈，比舜还长了四辈。禹深知其中险恶，稍有不慎，必将重蹈老父亲的覆辙，故此埋头治水，兢兢业业，如履薄冰。《史记》记载他治水13年，"三过家门而不敢入"。《帝王世纪》也载：年二十始用，年三十二而洪水平。十三年后，禹治平了洪水，他的声望随之达到了顶峰。下面该禹做的，当然是夺舜位，报父仇了。

此时天下大众尊称其为大禹，以示对其的无比爱戴之情，随着洪水的治平，大禹抗舜报父仇的力量集结，业已完成。该舜做的，仅是拱手让出宝座而已。不久，他便死在了苍梧。

舜死时，妻子娥皇、女英并不在他的身边，或许是禹不让杀父仇人得以死在温暖的家人怀抱，也有可能禹在娥皇、女英面前揭穿了舜的真实面目，使她俩与舜彻底地斩断了夫妻之情。总之，舜死得很凄凉。

具有讽刺意味的是，在舜死后三年，禹也仿效舜做了一番表演，辞位于舜的儿子商均，忸怩作态之后方才正式登上国王宝座。其中真情可见《韩非子·说疑》：舜逼尧，禹逼舜，汤放桀，武王伐纣，此四王者，人臣之弑其君者也。

然而，正史的记载则是另外的一番说法了。即年老的舜各处巡狩，二妃原本同行，到了湘水，二妃留在了那里，舜则独自南进，却得病死在了苍梧，葬于九嶷山下。娥皇、女

第三节 禅让的美丽神话

英接到凶信,恸哭不止,直哭到眼睛流出血来,眼泪洒在竹子上,染得点点斑斑,最后竟悲不自胜,双双投水殉情。

又传二妃都做了湘水女神,娥皇是湘君,女英是湘夫人。此后湘水边洞庭山出产一种斑竹,又名湘妃竹,上面有点点紫晕的斑痕,相传便为二妃血泪所化。这又是一个颇为浪漫的悲情神话故事,但依据常理推断,娥皇、女英的死恐怕不会是自杀殉情那么简单。

曾经有位哲人说过,每个人尤其是男人的潜意识中都有一个帝王梦,因为有了帝王的宝座,他就可以为所欲为。

帝王的标志便是绝对的权力,每位帝王都视权力胜过自己的生命,因为一般其权力的结束便是他生命的结束。

而女人们则在男人的权力角逐中艰难无奈地生存,她们或随波逐流,或为虎作伥,或推波助澜,或野心勃勃,但在男权至上的社会里,却最终充当着政治牺牲品的角色。

现在,禅让的美丽神话已经结束,大禹成了华夏新的最高统治者,然而,他会不会和他的两个前任统治者一样,被逼去表演禅让的喜剧?大禹,他会怎样做呢?

第四节 爷俩打拼家天下

大禹（姒文命）夺得了天下，吸取了尧舜失权的教训，牢牢地把权力抓在手中，直至生命的结束。

为了树立权威，打造姒家天下，大禹发动了对外战争。首先征伐的对象是黄帝王朝的宿敌三苗部落。三苗当时主要分布在洞庭湖（今湖南北部）和彭蠡湖（今江西鄱阳湖）之间，即长江中游以南一带。

早在黄帝时，三苗部落参加过以蚩尤为大酋长的九黎部落联盟，以期向北发展，染指黄河流域。后蚩尤与黄帝争锋，最终失败被杀，三苗部落也因此北向发展受阻，但它就像打不死的小强，往往可以浴火重生，一直为华夏集团劲敌。

颛顼和帝喾时代，"三苗"趁共工与颛顼、帝喾争夺帝位时迅速发展起来。颛顼曾多次打败三苗，但到尧、舜时代，三苗再次兴起。尧时，三苗再度北上，尧发兵征讨，双方作战于丹水（今丹江，流经陕西、河南、湖北三省），最终将三苗打败。此后一段时间，三苗被迫加入了尧的部落联盟。三苗的首领驩兜成为"尧臣"，被称为"诸侯"。待时局稳定后，尧将三苗部落的一部分桀骜不驯者流放到西北的三危山（敦煌第一圣境），将驩兜流放到崇山（今广西凌云县和西林县一带）。

第四节 爷俩打拼家天下

舜代尧成为部落联盟首领以后,三苗部落趁华夏集团内部争斗未稳,再度崛起,舜乃整军振旅,经过三年准备,亲征三苗,一直打到今洞庭湖一带,才勉强将三苗击退。

至此可见,三苗与华夏两大集团水火而不相容,再无调和余地,双方生死决战在所难免,而禹伐三苗则是决定性的一仗。

禹从舜手中夺得华夏部落联盟首领之位后,恰逢三苗地区发生大地震,禹乘机对三苗部落发动大规模进攻。他在誓师动员时说:"三苗不敬鬼神,滥用刑罚,违背天意作乱,上天现在号令我们要对他们进行讨伐。"名为顺应天命,实为扬威立国,永除后患,禹对三苗的战争早已箭在弦上。

这是一次规模较大的武力征伐,大战整整历时70天。禹亲率军队,士气高昂,强悍无比。三苗之众节节败退,溃不成军。开战不久,其首领就被东夷部落的弓箭手射死。首领阵亡,苗军大乱,纷纷四散逃命。三苗故土难守,大部分逃往西南地区,逐步被当地土著氏族部落融合。史籍中不再见三苗的活动。相传今天聚居在湖南、广西、广东及云南、四川、贵州等地的苗族,就是三苗后裔。

禹征服三苗,统一了长江流域,威望激增,地位再也无人撼动,从而加强了王权。此时,国内舜的儿子商均尚在,禹为了避免与他发生冲突,加重夺位之嫌,便干脆另建新都,在有崇氏部落所在地——嵩山之阳,建立了阳城(河南登封市告成镇)作为都城。三年后羽翼更加丰满的禹将商均改封于河南虞城,强迫有虞部落迁徙。自此大禹感觉高枕无忧,便把首都迁往阳翟(河南禹县)。

为了巩固王权，禹有必要在内部树立权威。意气风发的他又沿颍水南下，在淮水中游的涂山（安徽蚌埠西郊怀远县境），大会夏、夷诸部众多邦国和部落的首领，这就是"涂山之会"。原来的众多部落首领，到此时大都转化成世袭贵族，分别成为各个邦国的君长。这次大会，是夏王朝正式建立的重要标志。

此时各方诸侯都畏惧禹的威名，差不多全部到会，但却有一位防风氏姗姗来迟。防风氏并不是一个小人物，当时，他是防风部落的首领，他们生活的地点是一片汪洋的沼泽地（在今浙江德清县）。防风部落身处多水之地，因此在治水方面有较成熟的技法。因此，防风氏在大禹治水过程中表现优异，功绩突出，堪称大禹的第一功臣。

大禹在涂山会盟诸侯，防风氏并非故意怠慢，而是路上正好遇到洪水，为了救助灾民才失期后至，这事大禹不可能不知道。而他却不念旧情，也不容辩解，立斩防风氏，其心昭然。一者帮儿子姒启的顺利接班扫除障碍，功劳越大者未来的威胁也就越大。而当着所有氏族部落首领的面杀防风氏，就是要杀一儆百，一改过去一盘散沙、每个氏族部落首领都有相当大的独立性的局面。此后，各个部落的首领自然见禹而胆寒，不敢自行其是。也就是从这时开始，禹真正实现了号令天下，成了真正的"九州王"。

涂山大会之后，为表示敬意，各方诸侯常来阳城献金（即青铜），后来，九州所贡之铜年年增多，大禹想起从前黄帝功成铸鼎的先例，就欲将各方诸侯进献的金，铸造成几个大鼎，以此纪念涂山大会。后九鼎（即冀州鼎、兖州鼎、青州鼎、徐州鼎、扬州鼎、荆州鼎、豫州鼎、梁州鼎、雍州鼎）铸成，鼎上铸着各州的山川景物、珍禽异兽。九鼎象征着九州，其中豫州鼎为中央大鼎，豫州即为中央枢纽。九鼎集中到夏王朝都城阳城，借以显示夏王大禹成了九州之主，天下从此一统。九鼎继而成为"天命"之所在，是王权至高无上，国家统一、昌盛的象征。

其后，夏朝被商所灭之后，这九个鼎就迁之于商朝的都城亳邑。商朝为周朝所灭之后，九鼎又迁到了周朝的国都镐京。再后来，成王在洛阳地方营造新都，又将九鼎安置在郏鄏（今河南洛阳市西），其名谓之"定鼎"。直到战国末年，周朝为秦始皇的曾祖父秦昭襄王所攻，取了九鼎，迁之于秦。搬迁途中，忽然有一个鼎"飞"入泗水之中，派了许多人，搜寻了许久，竟找不到鼎的踪影。另外八个鼎在秦被灭之后，究竟结果如何，也无可考寻了。至今不知所在，成为千古之谜。

据《竹书纪年》记载，禹在位45年，死于会稽，享寿百年。在死前，他为了培养儿子姒启为政治接班人，做了大量的前期工作，培养方法古今相同，给姒启磨炼，给姒启要职，为姒启扬名，使姒启的接班水到而渠成，成了必然。

但禹为了显示其公正，依然如前两任那样，"积极"推行"禅让"。首先被举为姒禹继任者的是当时曾掌五刑、负责狱讼的老迈的皋陶，这是一个让人哭笑不得的决定，因为无论皋陶如何优秀，但毕竟年事已高，如不出意外，必然死在禹的前头，事实也是如此。

此后禹又将仅有声望却毫无权势的伯益定为法定接班人。而《韩非子·外储说右下》所论一针见血："禹爱益，而任天下于益，已而以启人为吏。及老，而以启为不足任天下，故传天下于益，而势重尽在启也。已而启与友党攻益而夺之天下，是禹名传天下于益，而实令启自取之也。

大禹在位45年，去世后，儿子姒启继夏朝天子位。与他的前两任相比，他是个真正的成功者，因为只有他笑到了最后。

而与他相比，儿子姒启的风格更加雷厉风行，冷酷无情。

首先，姒启杀掉对自己王位有威胁的法定继承人伯益，《竹书纪年》确凿记载：益干启位，启杀之。

其后，与夏同姓的有扈部落最先质疑姒启的接班人地位，并起兵反抗。这对已39岁姒启来说，既是一次考验，又是一次机会，一次立威的好机会。启集中力量最终在甘亭（今河南荥阳）打败了有扈氏，并将他们全体屠杀，用野蛮的武力确定了至高无上的地位。

自此，由姒启结束了由"尧舜禹"三人主编的"禅让童话"，并开始了光明正大的"家天下"的传统，建立了中国历史上第一个真正意义上的王朝——夏。这是姒禹和姒启两代打拼而获得的丰硕成果。而大夏的起始时间便是公元前2070年，这是大禹传位与启的那一年。

关于夏朝是不是中国历史上第一个世袭王朝，中外历史学者一直存在争议。西方学者认为：有文字或出土文物记载当时社会情况的时代才能称为信史。比如商朝，殷墟出土的甲骨文印证了司马迁《史记》中所记载的商王世系表，所以，商朝的存在无可争议。而夏朝目前并没有这样的印证，所以，夏和五帝时期一样，仍然是传说，不能称作信史。然而考古证实大夏王朝，只是需要时间而已。截至19世纪末，世界史学界没有人承认中国的夏、商、周历史。而如今，随着20世纪初大量甲骨文的考古发现，全世界关注的目光都向中国史书记载的殷商王朝投来了信任的微笑。

我们学习历史，并非只是去得到某个结论，而是为了学习用不同的视角去看待问题，多角度地分析问题，爱好历史的人，往往更愿意闭上眼睛去看世界，去解读人生。

姒启可称是一个强人，但再强的人终究要老去。强弩终有末时，在姒启的晚年便发生了诸子争立的动乱，动乱的发动者是他的小儿子姒武观。姒武观早年因顽劣并窥君位被姒启放逐西河。后来，当继任问题进一步提到日程上时，姒武观悍然发动叛乱，企图效法姒启用暴力夺取继承权，这场权力之争几乎瓦解了夏王朝的统治，幸而有彭国的诸侯彭伯寿率师出征西河，才将姒武观的叛乱平定。

姒启于78岁时死亡，在位29年。启死后的遗产当然由儿子继承。启把这份遗产郑重交给了长子太康。这是一个再正常不过的决定，也是一个非常错误的决定。

第五节 狩猎失国的国王

公元前2031年，也就是距今四千余年前，大夏王宫中，姒太康先生（大禹之孙）正在一边饮酒，一边欣赏歌舞，作为大夏王朝的第三任国王，和艰难创业的先辈们比较，继承祖上留下的这份遗产，感觉实在太爽。

然而，遥想当年，他太爷爷姒鲧老先生受尧委派，辛苦治水九年，却惨遭舜诛杀，理由很简单，治水不得其法，贻害千万苍生，而其中实情，是舜忙着清理夺权道路上的绊脚石。

他爷爷姒文命先生——大禹更是悲壮，深藏杀父之仇，强忍丧父之痛，如履薄冰，埋头治水，挖泥挑土，腿毛磨光，脚跟泡烂，整整十三年，才治平了洪水，从而赢得了政治资本，终于推翻了舜，报了杀父之仇，此后又灭了三苗，铸了九鼎，为大夏王朝的建立奠定了基础。

他老爸姒启的即位也并不轻松，内有法定继承人伯益的虎视眈眈，外有有扈部落的武力威胁，对这些不安定分子，姒启手段干练而残酷，最终杀了伯益，打败了有扈部落，并将他们全体屠杀，用铁血确定了他至高无上的地位，并开始了光明正大的"家天下"的传统。

姒太康先生虽然没有先辈们的坚忍谋略，但他却很有经济头脑，擅长征收各种名目的税款，用来建造他的豪华宫殿。

此外他还有一些健康的业余爱好，即酷爱以歌舞为主的综艺节目，并对旅游打猎具有一份执着的热情。就其一贯表现而言，其实他似乎不太适合做个君王，更适合他的职业是音乐鉴赏家、旅行家或猎人。

古代有太多帝王喜欢狩猎，或许狩猎的场面刺激，面对的对象是手无寸铁的野兽，与冲锋打仗相比较，更容易获得成就感，且安全性较高。姒太康也不例外，即位后，姒太康除了饮酒、听歌、赏舞之外，最喜欢的就是狩猎，然而他的狩猎生涯并没有维持多久，仅仅三年。

那一次，姒太康率领狩猎大军，从首都安邑出发，过了黄河，一路打猎，越打越起劲，打了一百天还不想回家，一直来到了穷石（河南省洛阳市通谷村），这一次他真正地过足了狩猎的瘾，但也结束了他还未过足瘾的帝王生涯。因为，在这次狩猎中，他不仅遇到了那些手无寸铁任他猎杀的野兽，还遇到了武装到牙齿正准备猎获他的人——后羿。

应该说，后羿在此已经等待这个机会很久了。后羿，是当时有穷部落的酋长，那位传说中弯弓射日的羿，便是他的祖先。因为老祖宗有功于国，舜便赐给他彤弓素矢，以示笼络，并封他在鉏县（河南省濮阳县西南），给他特权，可以征伐有罪部落。姒启在位时，曾亲自主持召开了钧台、璇台两次盛会，与会者是各方诸侯，后羿当然也是嘉宾之一。

两次盛会过后，后羿精神上颇受刺激，深深感到还是当大夏王朝的国王比较威风，只是姒启手段毒辣，计谋过人，并手握一支强大的军队，又善于搞宣传，因此很得民心，实在没有机会，只好空余遗憾。

没想到不久启便归天，继位的姒太康实在可爱，竟然千里迢迢地往虎嘴里撞，岂有不吃之理？姒太康满载猎物，兴尽而返，来到黄河边。正当他欲过河时，才发现隔岸已是密密麻麻的部队，挡住了他的归路。

姒太康率领的只是一支狩猎部队，游戏打猎是内行，打仗可就是外行了，无论是数量还是质量，又怎能抵挡得了后羿的钢甲兵团呢？当然是一触即溃，三十六计，走为上策，姒太康只好开溜，也许是后羿放他一条生路，毕竟他也不想担个弑君的罪名。

太康一直逃到了阳夏（今河南省太康县），随便筑个土城居住，等待时机再行反扑，但直至十年后死亡，后羿也没有给他这个机会。

之后的十年里，姒太康再也没回过黄河以北的都城，也没有人去为他打抱不平，可以说那些年里他无所事事，究竟他在这么长的时间里一直在悔过呢，还是继续他那美好的旅游打猎生涯，我们不得而知。但这已不重要，因为他的位置已经有人取代。

狙击太康成功，可谓初战告捷。此时的后羿，兴奋得很，也忙得很，先以重兵将姒太康的归路封锁，变相地将他软禁，然后后羿谦虚地表示，大夏王国还应以大禹的后裔为王，于是他从姒太康的五个弟弟中，选中老四姒仲康，作为大夏的第四任国王。此时，和后羿一样，姒仲康也相当兴奋，因为他做梦也没想到，能白捡个国王当，但是不久，方才明白自己这个国王，只是聋子的耳朵——摆设而已。

首先后羿把大夏首都迁到斟寻，再把自己的家由鉏县搬

第五节 狩猎失国的国王

到了穷石,因为穷石、斟寻两地相邻,更便于早晚问候仲康。其次后羿又向仲康提出了让仲康非常窝心的要求,即夏王朝不但要免除有穷国的赋税,而且每年还要向有穷国提供双倍的赋税。

后羿为何如此大胆?一则这个部落精于制造当时最强武器——弓箭,而且射箭是有穷部落的全民运动,因此军事力量强大,而其首领后羿更是天下闻名的神射手,勇猛过人。再则后羿很清楚地知道姒太康荒嬉无度,早已尽失民心,就算杀了他,也不会有多少人怜悯同情他,而姒仲康也只不过是后羿称王的过渡工具而已。

现在姒仲康先生既然被抬上了轿,想下轿可就难了,可怜的姒仲康先生在帝位上忍气吞声了14年,终于熬到了他生命的尽头,当傀儡的人心态绝对要好,否则不被气死也要被憋死,而正常死亡对于仲康而言,真的是不幸中的万幸了。

然而,手握实权的后羿依然不急于称王,而是把姒仲康的儿子姒相赶上了傀儡国王的宝座。而姒相仅在王位上待了两年,不知什么原因,把家搬到了商丘(河南濮阳),靠着两个姒姓的两个部落——斟灌氏、斟鄩氏混日子。

也许是姒相先生不堪后羿的欺凌而逃亡,或是后羿再无等待的耐心,而一脚踹开了姒相,但无论什么原因,结果都是一样的,后羿,这位有穷部落的小酋长,终于实现了多年前的理想,结结实实地把大夏王朝国王的宝座放在了自己的屁股之下,成了大夏王朝名副其实的第六任国王。

对于后羿而言,幸福的名正言顺的帝王生活刚刚开始,然而这生活仅仅延续了7年,后羿便走向了他的覆灭之路,

27

而置他于死地的重要人物之一是一个女人,这个女人是他的妻子。

众所周知,后羿的妻子是嫦娥。嫦娥,本名姮娥,但过了约2000年后,被迫改了名,因为当时的皇帝叫刘恒,也就是汉文帝,汉武大帝刘彻的爷爷。嫦娥的出身不详,或是一方部落酋长之女,也可能是被后羿钟情的小家碧玉,但有一点是肯定的,那就是她惊人的美艳。

历史上的女子,若不是美貌绝伦,便很难在青史留名,除非她的权势及恶毒的程度与刘邦的老婆吕雉相似。

而传说中的嫦娥是偷了后羿的长生不老药而飞上月亮的,并成了月宫的主人,因此在道教中,嫦娥被称为月神,又称太阴星君。

虽然嫦娥的美丽动人心魄,曾惹得天蓬元帅——八戒先生动了色心,但可怜的她却独处广寒宫内,默默消逝着她如花的容颜,也未得到成仙的快乐,每日只能与玉兔相伴,凄凉度日,后悔莫及。正如晚唐诗人李商隐所言:云母屏风烛影深,长河渐落晓星沉。嫦娥应悔偷灵药,碧海青天夜夜心。

但致后羿于死地的女人并不是嫦娥——这位神话主角,而是另有其人,这个女人的名字叫作玄妻,她是后羿的后妻。

第六节 待机的"美女炸弹"

玄妻，是有仍部落酋长的女儿，一向艳名远播，特别是一头秀发，又黑又亮，丰软纤柔，长可拂地，更撩拨了无数男士的情思。

那时的后羿，还是有穷国的酋长，当然也早闻玄妻的美名，或许还在部落老大们的聚会上目睹过玄妻的美貌，自古英雄爱美女，于是不免就动了"吃着碗里的，看着锅里的"心思。

然而玄妻心目中的理想对象并不是一介武夫，而是富于浪漫细胞的艺术家。所以她当然不会看上后羿，而是嫁给了夏王朝的乐正（音乐部长）后夔，婚后小两口的生活幸福甜蜜，还生了一个儿子，取名伯封。

可是好景不长，后夔英年早逝，儿子伯封继承了老爸的地位，而依然年轻的玄妻却成了寡妇。而此时的后羿，正是势力超级膨胀之时，赶跑了姒太康，手中攥着姒仲康，大夏王国都坐在他的屁股底下，某一日静下心来，忽然想到自己的梦中情人——玄妻，孤儿寡母的，生活挺不容易，不如两家合了一家，以此了却今生的相思之苦。

说干就干，后羿便率兵突袭，亲手持弓，箭无虚发，一箭射杀了伯封，抢了玄妻凯旋穷石。然后后羿又觉得意犹未尽，便下令将伯封尸肉割下，烹制成一鼎肉羹，向当时的傀儡仲康献捷,以起杀鸡镇猴之效。

或许在发兵之前,后羿已对伯封有了试探性的沟通,但年轻气盛的伯封却不能接受一个武夫成为自己的继父,否则,突袭成功后的后羿不会如此残忍。

此时的后羿可谓志得意满,扩了地盘,抱得美人归,却不知自己抱回家的是一枚定时炸弹。这枚炸弹的威力颇强,先摧毁了后羿的家庭,再摧毁了后羿的斗志,最后夺走了后羿的生命。

嫦娥奔月的版本有很多,但这只是一个彻头彻尾的神话而已。此神话的源头在哪儿,当然在后羿本身,应当说,后羿与嫦娥,一个英雄,一个美女,确实是郎才女貌、幸福美满的一对。

可是好色是男人的本性,男人是否乱性,从根本上来说,并不是他有无定力,而是在于他有无能力与精力。已是天下无敌的后羿,江山已得,其后猎获的主要对象当然是美女了。

此次后羿将玄妻抢回,终于实现了他多年的夙愿。但男人的喜新厌旧难免会使女人伤心、失望乃至绝望。嫦娥也是如此。

或许所谓的嫦娥奔月,其中的真相,大概接近于嫦娥对后羿已死心,亦另觅新欢,并最终选择与情人远走他乡。而陪伴服侍嫦娥的宫女们情急之下,只好编了一个王后飞上月亮的美丽神话,以期蒙混过关,得保性命。

而此时后羿已功成名就,自然不愿意背个"戴绿帽子"的名声,顺着台阶,糊涂了事,只好将那一腔柔肠转移,希望自己的痴情可以感化玄妻。

第六节 待机的"美女炸弹"

可是后羿实在是想得太简单，国破家亡，杀子之仇，刻骨铭心，玄妻能忘得了吗？怎能忘得了，报仇，强颜欢笑，一切只是在等待时机。

玄妻的胸中深藏着复仇之火。但要想复仇，只靠一个女人的单薄的力量显然是不够的，玄妻必须要选择一个合作伙伴。

思前想去，她把目光转向了她的另外一个仇人，后羿的第一亲信——寒浞。之所以说寒浞也是她的仇人，是因为后羿发兵攻灭伯封，抢回玄妻，正是寒浞极力怂恿的。

寒浞，本是寒国的一个贵族，小伙子不仅出身好，而且长得帅，头脑也特别灵活，但只有一点不好，那就是人品太差，满肚子坏水，时间一长，不知何故惹恼了寒国国君，被勒令下岗，被驱逐出境。俗话说树挪死，人挪活，此处不留爷，自有留爷处。寒浞相信，一个活人不会被尿憋死，自己的未来必将是美好的。

而就在此时，后羿发动政变，并在国内政坛迅速蹿红，于是寒浞审时度势，为自己选择了新的主人——后羿，对于寒浞来说，这绝对是一个非常英明、有前途的决定。

应该说，在寒国被迫下岗的寒浞，一开始只是想来后羿这儿混口饭吃，而无太大的野心，但跟在后羿屁股后面混了一段日子，寒浞明白了，其实再伟大的人物也不过就是那么一回事，只要距离近些，就可以撕下他神秘的面纱，而那自命神勇的后羿，其实不过是一个有勇无谋的武夫而已。

于是寒浞相信，凭自己擅长的专业技能，必能搞定后羿，因为他的专业便是武夫的克星——溜须拍马。拍马屁是一门历史悠久、博大精深的"专业学问",在此无法细说其中奥秘,但拍马屁时至少有两点需要注意,其一就是拍得准,其二则是拍得不留痕迹,否则便有被马踢残的危险。

相信寒浞一定是寒国"国立拍马学院"的优秀毕业生,在试用期内便把后羿哄得言听计从,把寒浞当成了铁哥们兼干儿子,除了拉屎放屁,大事小事都找寒浞商量。

自从后羿一脚踹走了如相,登上大夏第六任国王后,更加确信自己是神勇无敌的,天下已无人再敢与他作对。英雄笑傲江湖,难免有种独孤求败的感觉,于是他那双神射手开始发痒,因此便开始重操旧业,日日打猎,追禽逐兽。至于政务嘛,当然由自己最放心的人、最有能力的人寒浞代理了。

于是渐渐地,寒浞成了"大夏公司"的总经理,一人之下,万人之上,唯一能骑在他头上的,当然仅有"董事长"后羿。

此时的寒浞已一跃而成大夏王国的老二,自非当初下岗职工小寒可比,可谓春风得意,志得意满了。

但一个人老二当久了,便难免感到压抑和遗憾,总想尝尝当老大的滋味,寒浞也是如此。

而目前的状况,虽然后羿已是一把年纪,只知打猎的糟老头子,但毕竟虎老雄威在,而且跟在虎屁股底下混日子的还有不少人,万一打虎不成,被虎咬了一口那可不是闹着玩的,因此寒浞目前最需要的是建立最广泛的统一战线,瓦解支持后羿的力量,以期做到无后患之忧。

这是一笔前途远大、风险也挺大的买卖,要想做好这笔买卖,除了给下属多发点红包,多亲昵地拍拍下属的肩膀,多说几句鼓励、赞赏的话以外,寒浞还需要几个得力的合作

第六节 待机的"美女炸弹"

伙伴——那些可以将后羿一击致命的人。

打虎者有武松，但武松这等胆色的人很难找，而寒浞凭借他男人的直觉敏锐地感觉到，后羿的枕边人——玄妻，最适合这个角色。

寒浞和玄妻都有一个共同的目标，那就是干掉后羿。目标相同，自然就容易合作。经过日常多次试探成功后，寒浞便向玄妻尽情地表演了他精湛的拍马屁之术，而此时的寒浞正值小鲜肉的年纪，玄妻也依然青春靓丽，异性相吸，双方都各有所需，因此寒浞的拍马屁之术很快就取得了显著的效果，玄妻与寒浞不仅尽释前嫌，而且当后羿忙于打猎的时刻，寒浞经常为玄妻客串一下丈夫的角色。

于是每次后羿田猎归来，枕边的玄妻常会不经意地提起，寒浞如何谨慎小心，如何忠诚。

昔日的英雄真的已老去，无论是身体还是思维，沉浸在温柔之乡的后羿深信自己已经成了世上最幸福的人，因为外有忠心的寒浞，内有贤良的玄妻，再也无需自己为琐碎的国事操心，却不知自己的大权已不知不觉地转移到了寒浞的手中，原来的部属或被寒浞收买，或被寒浞除去，一场阴谋早已开演，并即将谢幕，而自己，正在其中扮演着一个傀儡的角色。

每个人都将面临死亡，而等待后羿的却是让他深感意外的、非正常的死亡，确切地说，对于自己的死去，后羿连深感意外的机会也没有。

33

第七节 英雄死于温柔乡

阴谋正在紧锣密鼓地进行，后羿也在勤勤恳恳地打猎，日子一日日平静地过去，而寒浞却迟迟没有动手，并非寒浞放弃了自己的计划，而是为了做到万无一失，他还需要一个帮手。

寒浞深知，后羿虽已老迈，但依然力大无穷，更兼神射，百发百中，而且对外人多疑忌，寻常之人不得近身，而自己和玄妻二人虽然深受后羿信任，但出点馊点子还行，真的动刀动枪实干，搞不好杀不了后羿还得搭上小命，因此寒浞需要一个可以具体执行干掉后羿的帮手。

这个帮手必须具备两个条件，首先必须是后羿所信任的人，其次必须有点真功夫。想来想去，具备这两个条件的只有一个人，他的名字叫逄蒙。

逄蒙是后羿的得意弟子，深得后羿真传，也能百发百中，因此后羿对其十分信任，每日都令他手持桃棓，在身边随从护卫，不离左右，如果逄蒙肯相帮，那么大事可成。

只是后羿对逄蒙恩重如山，要想让逄蒙反水，只怕有点难度，但寒浞相信，他可以说服逄蒙，因为他知道逄蒙的软肋，他们本来就应该是同路人。

寒浞知道，打蛇要打七寸，而要想打动一个人，不是凭

第七节 英雄死于温柔乡

话的多少,而是言语是否能切中对方要害。

寒浞在与逄蒙沟通时只问了逄蒙一个问题,那就是"你想做天下第一神射手吗"。虽然只是一句话,却深深地刺痛了逄蒙,因为逄蒙早得后羿真传,除了后羿,再无别人可敌。但现在后羿之神射早已天下皆知,而自己却只是一个默默无闻,整日跟在后羿屁股后面的警卫员。

逄蒙自觉虽然技艺不比后羿差多少,但只要后羿在一天,自己就无法以天下无敌自称。郁闷久了便是愤恨,恨不得后羿早早死去,好显示自己的神射声名。但逄蒙深知后羿多疑,只把这份怨恨藏在心中,自以为掩饰得很好,却不曾想到让寒浞一语道破。

其实其中的原因很简单,因为,作为大夏集团总经理,寒浞对"千年老二"难言的幸福并痛苦着的复杂滋味,有着切身的体会。

至此,刺杀后羿的铁三角正式组成,玄妻为了报杀父、杀子之仇,寒浞是为了夺得大夏王国的国王宝座,逄蒙是为了夺得天下第一的声名,大家来自五湖四海,但却为了一个共同的革命目标走到了一起,那就是杀掉后羿!后羿,你非死不可!

这一天,一切都和平日一样。后羿依然一大早出去田猎,逄蒙依然跟在后羿屁股后面当警卫员,寒浞依然兢兢业业地在宫中帮后羿处理政务,玄妻呢,依然在家张罗美酒佳肴。

这一天,是后羿最开心的一天,天气特别好,兴致颇高,田猎场上,后羿亲挽角弓,箭无虚发,只只野兽应声而倒,赢得左右齐声喝彩。

35

太阳西沉，后羿依然猎兴未尽，回到宫中，盛装的玄妻早已守候在宫门，拉着后羿的手，把他一直引至宴前。桌上珍馐罗列，吃饭的只有三人，那就是后羿、玄妻和寒浞，门口还有一位手持桃棓、执行保卫工作的逢蒙。

宫殿中的四人各自忙着自己的事，后羿忙着吃菜、喝酒、大笑，玄妻忙着夹菜、斟酒、撒娇，寒浞忙着赞扬大王的神射，逢蒙呢，忙着擦手心不停渗出的冷汗。

十几杯美酒下肚，后羿忽然停下了畅饮，抓住了玄妻端杯的手，看着玄妻，看着这个一直让自己迷恋的女人，这个曾被自己残暴伤害的女人，这个终于被自己感化的女人。

一滴老泪自后羿眼眶落入玄妻送至嘴边的杯中，悔恨、内疚，还是幸福？但此时此刻，一切都已不重要，重要的是，你的性命，却可以换取三个人的幸福。

美酒一杯杯被玄妻送至他的嘴边，落入欢肠。渐渐地，后羿感到眼前已是模糊一片，摆摆手想对玄妻说"不能再喝了"之类的话，却忽然发现身边没了玄妻。

后羿摇摇晃晃地站起身，想寻找玄妻，却发现逢蒙正向他走来。后羿刚想问话，逢蒙已闪到了他的身后，举起了手中的桃棓，后羿只听到头顶一阵轰响和裂竹一般的声音，便扑倒在了地上。

逢蒙不敢相信竟然如此顺利，又怕后羿不死，便拿着桃棓对着俯卧的后羿，一阵乱击，直至脑浆迸裂，鲜血满地，浸湿了一旁冷冷观赏的玄妻的裤脚。

逢蒙看着两位新主子，手中提着的桃棓滴着血，等待着处理这具死尸的命令。玄妻看着已变成了一堆烂肉的昔日英雄,只是淡淡地说:"剁碎,煮了他,我要吃他肉。"大鼎中的后羿尸身已被煮成一鼎肉膏,就像当初被后羿煮成肉膏的儿子伯封。

因果报应,以牙还牙,国灭子亡,那份刻骨的恨玄妻怎么会忘记?看着这鼎烂肉,玄妻忽然觉得,还有必要为后羿做些什么,于是她派人喊来了后羿的儿子,把继子带到了大鼎前面,微笑着告诉他这里面被煮熟的肉,便是他曾经英武神勇的老爸,而他现在面临两个选择。

一是生,二是死。如果想死,很简单,那就跳进这个大鼎中,和老爸共洗个开水浴。如果想活,也简单,那就捞几块老爸的肉品尝品尝。这对于玄妻来说,确实是一个非常刺激而有趣的游戏,而对羿子来说,则是一个两难的选择。

首先他一点也不想死,其次他暂时还没有吃人肉的习惯,何况吃的还是亲生老爸的肉,于是他选择了第三条路——撒腿开跑。

玄妻并不阻拦,只是看着羿子仓皇逃窜的背影微笑,她很喜欢看到仇人的儿子临死前的挣扎。覆巢之下,岂有完卵,羿子怎么可能再活着,他还没逃出宫门,便被卫士拦住,老鼠过街,谁人不打,一阵乱刀砍下,早已变成了一堆肉泥。

自此,这段血腥的历史才算结束。这段历史再次印证了"成则王侯,败则寇"的残酷道理。

逄蒙亲手宰了恩师,终于实现了他的世纪之梦,赢得了天下第一神射手的奖杯。而寒浞的收获最大,他终于正式成了大夏集团公司的董事长兼总经理,大夏王朝的第七任国王。

玄妻呢,终于报了亡国杀子之仇,并依然是无上的王后,寒浞的新王后，还和寒浞生下了两个儿子，正如每一个童话的结局那样，经过坚持不懈的努力，他们终于苦尽甘来，过上了幸福美满的生活。

但这份幸福会长久吗？当然不会，因为政治本身便是残忍肮脏的，稍不留神，一场风暴便会把参与者彻底毁灭，比如寒浞，未来他的下场，就像后羿一样。

第八节 一统天下的寒浞

公元前 2021 年，寒浞正式结束了后羿的 19 年的统治，荣登大夏第七任国王的宝座，都城斟寻（今山东潍坊）。此时寒浞才 21 岁。自 13 岁离开寒国出走，他已由一个不良少年成长为一个帝王，只用了短短 8 年时间，这是普通人做梦都无法想象的。

然而，包括司马迁在内的中国传统史学家们，并没有把他列为帝王，最多把他称作枭雄。因为，历史总是胜利者书写的。而他和后羿一样，都没有笑到最后。

与头脑简单四肢发达的后羿相比，寒浞的智商不知超过了他多少倍。若论单打独斗，一个后羿似的武夫可以对付十个寒浞。但作为政治玩家，主要凭的是狡黠机智，而不是匹夫之勇。后羿与寒浞的较量，就好比此后项羽和刘邦的楚汉争霸，胜负的结果其实并不存在着什么偶然，对于失败的统帅而言，智商偏低绝对是硬伤。

高智商的寒浞即位后，不敢掉以轻心，他冷静清醒地勾画着巩固王国的蓝图，而当前他首要做的是以下三件事。

第一是合并寒国，这是非常简单的事情，因为他本来就是寒国的王子，大棒一举，第五继承人便变成了第一继承人。

第二是消灭有穷的残余势力，对于一个尚武的部落，这就需要绝对的白色恐怖了。寒浞命人将后羿的尸体做成多份人肉大饼，顺便在大饼里加点毒药，然后特邀后羿族的一些首领前来品尝，吃下的便被毒死，不吃的便让士兵用乱刀砍死。一部分有穷族人恐遭杀害，纷纷逃往边远地区，留下来的也都隐姓埋名，投靠在其他诸侯门下。从此，有穷部落随着后羿的灭亡而消逝在历史的长河中。

而让寒浞感到最难办的事却是第三件事，这也是最让寒浞放心不下的事，准确地说，在他的内心深处总牵挂着一个人。这个人不是女人，而是个男人，一个已过不惑之年的大叔。这位大叔不是普通人，而是大禹的嫡系曾孙，大夏王朝曾经的正牌第五代国王，他的名字叫姒相。

虽然姒相早已被后羿赶下王位而流亡了19年，但他身上毕竟流着大禹的血，他若存在，寒浞这个国王便难以洗脱盗版的嫌疑。（大禹——姒启——姒太康、姒仲康——姒相）

况且姒相与他的老爸姒仲康相比，绝对算是个豪杰。在浪迹天涯的19年间，姒相并没有怨天尤人，自甘沉沦，而是韬光养晦，审时度势，默默地等待着复国的时机。

就在后羿重用寒浞昏天黑地之时，姒相先在山东联合斟寻氏（古国名：今山东省潍坊境内）和斟灌氏（今山东省寿光市境内）姒姓的两家诸侯，并以此为屏障在商丘（今河南省商丘市）立了足，建起了大夏流亡政府。又经过两年多的征战，降服了淮夷、风夷、黄夷等部落。

四方诸侯看到姒相还有一定的实力，并感念于大禹的恩泽，便主动恢复与姒相的臣属关系。在姒相建立流亡政府的第七年，居住在东北地区的于夷部落，仰慕姒相的威望，竟

第八节 一统天下的寒浞

派使者带着厚礼前来国事访问。这件事很激励人心，使妼相增加了更多的自信和的威望。

随着妼相势力的逐渐恢复，寒浞却增添了莫名的恐慌和强烈的危机感，但现在他还没有绝对的力量和信心消灭妼相，面对雄心勃勃的对手，他必须得有所防备，积蓄力量。

于是，寒浞下令，征招青壮年入伍，以此加强军事力量，时刻做好战争准备。同时，他还对统治区内的平民实行削富济贫、减轻赋税等一系列政策，以此争取民心。渐渐地，与后羿时期相比，人民的生活逐渐得到改善，国势也逐渐强大起来。

此后，寒浞、妼相双方偶尔有一些小规模的试探性的战争，但彼此都没有一招制敌的力量。

时间飞逝，转眼间十几年过去了。美丽的玄妻已老去，不久便得病身死，而她的两个儿子已经长大成人。长子名叫寒浇，次子名叫寒戏，这俩小伙都天生神力，勇猛善战，又具有其老爸的机智狡猾。寒浞便把大儿子封在过国（今山东莱州城北过西镇东），把小儿子封在了戈国（今河南省商丘市、新郑市之间）。

此时，寒浞觉得，消灭妼相的战争可以启动了，他决定选择适当的时机向妼相统治区发起全面进攻。

天无二日，国无二君。一个要保护自己的胜利果实，一个要完成自己的复国大业，寒浞和妼相的决战在所难免。二虎相争，究竟鹿死谁手？

公元前 2004 年，寒浞、妼相之间的大决战终于爆发。寒浞等这天已经等得太久了，因为他已经准备了 17 年。

此时，寒浞面对的对手有三个，即以妘相为首的大夏流亡政府，以及他的两个同姓诸侯斟灌氏、斟寻氏。这对于寒浞来说，确实是个难题，因为再饿的人，也不可能一口吃三家宴席。

但这难不倒寒浞，因为他很有耐心和胆略，早已胸有成竹。他采用了历代兵家常用的战术——分而治之、各个击破。

此次寒浞一方出战阵容豪华，三位主将的名字分别是寒浞、寒浇、寒戏，绝对的主力阵容。俗话说，上阵父子兵，果然不假。

寒浞先命长子寒浇率主力部队攻打斟灌氏的重镇弋邑（今河南太康与杞县之间），自己和次子寒戏各率一军虚张声势佯攻妘相的帝丘（今河南濮阳）和斟寻氏（今山东潍坊西南），以阻止他们增援斟灌氏。

此招果然有效，寒浞的表演才能太高，他以虚张声势的佯攻把妘相结结实实地忽悠了一把。老迈的妘相已失去了敏锐的判断力，并变得更加保守。本应组织力量反击，援助弋邑，他却下令加强各边境城邑的防守，不得主动出击。

结果不言自明，斟灌氏孤军作战，绝望无援，很快被强大的寒浇军击败，弋邑陷落，残部退守斟灌（在今山东寿光市东北）。

痛打落水狗是寒浇的一贯风格。此次自然不会给对方一点喘息之机，亲率主力，尾随至斟灌氏都城斟灌。这次战争对于斟灌氏来说是一次生死存亡之战。

首领妘开甲亲自率军出城迎敌，既然已无路可退，那么只有拼死苦斗了！虽然敌众我寡，但双方却战成了胶着状态。

战斗在惨烈地进行着,为了家国,生为人杰,死为鬼雄。忽然,勇士们身后的城中一阵大乱。原来,狡诈的浇早已分了一半的部队,绕到了斟灌城后,发动了猛攻。而此时城中仅剩一批老弱病残和少数壮丁,怎么抵挡得了?

斟开甲得知都城将陷,无奈连忙下令退兵。寒浇早有准备,立刻挥兵猛攻,将斟灌军队四面包围,斟开甲率将士拼死突围,但如何能脱身?斟灌将士全部战死,包括斟开甲在内。毫无悬念,城破了,斟灌灭亡了。

斟灌既灭,寒浞下一个消灭的对象便是斟寻氏了。公元前2002年,寒浇乘胜进军攻打斟寻氏。斟寻氏首领斟木丁闻斟灌灭亡,正感悲愤,如今得知寒军又来进犯他的领地,不禁大怒,立刻率军迎战。不是鱼死,便是网破!

双方乘船在潍河(今山东潍坊境内)上展开了一场激战。当时的潍河水深流急,水面宽阔,适宜水战。双方军队在船上与敌人厮杀。斟寻本来就是倚着潍河立国,水战自然便占了先机。

谁知,寒浇再次不按常理出牌,在双方交战正酣之际,派出了数十名蛙人潜入水下,竟凿穿了斟寻军的战船。

斟寻军见战船漏水,怎能不惊慌,一时大乱。寒军乘机攻杀,斟寻军大部分落分水淹死,幸存者亦被杀死。斟木丁也在混战中被寒军所杀。斟寻氏灭亡,国土全部被寒国占领,国民大部分沦为奴隶。

至此,寒浞已灭掉了斟灌氏和斟寻氏两大诸侯,除去了夏王朝的左膀右臂。公元前2001年,寒浞稍事休整,便兵分三路围攻帝丘。此时的斟相早已孤掌难鸣。

寒军势如破竹，不多日便兵临城下。姒相率帝丘城中军民拼死抵抗，终因势单力薄，挡不住寒军的强大攻势。

一个深夜，寒浇带兵袭破帝丘城，如狼似虎的寒军奔逐在城中大街小巷。听到四起的喊杀声，姒相自知不敌，死不足惜，惜复国之望，从此梦灭！局势已容不得人过多感慨，喊杀声已近王宫，姒相便拔出刀来，自刎而死。

破城后，寒浇斩草除根，下令将大禹族人尽皆杀死，寸草不留，宫室内外血流成河。

至此，夏朝正式亡国，夏朝的统治区域全部控制在了寒浞手里。

接到儿子的捷报，寒浞心中狂喜。近20年，才把天下统一，才把大禹的子孙斩尽杀绝，自此以后，他便是原装正版的大夏国王，世世代代，传之万世。

可是他万万没有想到，他高兴得太早了，因为，他忽视了一个女人。这个女人叫后缗，她是姒相的老婆。有时候，小小的一个忽视，往往是最致命的。

第九节 一次快乐的旅游

后缗是姒相的王后,也是个公主,她是有仍部落酋长的女儿。她的逃脱,不仅寒浞没有想到,就连她自己也没想到。

当她抱着丈夫尚温的尸身时,早已万念俱灰,脑中一片空白,死神第一次离她如此之近。但上天却给了她一个逃生的机会,两个宫女跑过来,边拉边扶,把她带到了一堵宫墙前。在这,她们发现了一个逃生之门。

这个逃生之门的名字叫作狗洞。狗洞,顾名思义,平时仅容一些猫狗出入,它小得让人平时根本无法留意。一个体形正常的男人或者一个身材丰满健硕的女人是无论如何也无法从中钻出的,而体形瘦弱的后缗居然勉强通过了。所以,有时候,一个人的劣势往往便是他的优势。所以,减肥这个话题,无论古今,都有一定的积极意义。

夜太黑,王宫的大门小门都有寒浇的士兵把守,却没人注意到这个不起眼的狗洞。谁也不会想到,这个狗洞未来将会给中国的历史带来多大的改变。

后缗一行,混在难民群中,日夜兼程,终于逃回了娘家有仍部落。逃生的历程,在此被一笔带过,因为没人知道后缗到底经历了多少艰辛。我们不妨计算一下,从帝丘(河南濮阳)到有仍(山东济宁),今日若上高速公路,里程约为

220公里。在那个交通不发达的时代，即使日行百里，也需五天的时间。

有仍酋长万分惊诧地迎接远方女儿的到来，得知女婿姒相身死，国土尽失，不禁老泪纵横。但有仍的力量尚小，目前能做的只能是忍耐，而不是惹火烧身。

家，总是温暖的港湾，回到娘家的后缗悲痛的心情渐渐平复了许多。她必须淡忘那国破夫亡的痛苦，让自己的身心尽早康复，因为，这不仅为了她自己，还为了肚子里的孩子。

这确实是一个让人悲喜交加的消息，后缗，已经怀孕一月了。喜的是姒家有了后人，悲的是孩子还未出生便没了父亲。

此后的日子很平静，十月期满，孩子出生了。是男是女？假如是个女孩，我们的故事便可以到此结束了，这并不是重男轻女。因为在那个男权极盛的时代，再有才能的女人也只能是男人的陪衬，并最终被湮没。

因此，这孩子必须是个男孩，也确实是一个男孩。他的名字叫姒少康。他不知道自己的出生将意味什么，他也不知道他以后将会肩负着什么样的历史使命。伴随着他那阵响亮的婴儿啼哭声，大夏复国的曙光再次升起。因为他是大禹的五世孙，他爷爷的爷爷是大禹，他是大禹现存的唯一后裔。

有仍的保密工作做得很好，几乎没人知道少康的存在。少康在妈妈后缗的尽心抚养下，有着幸福的童年，不知不觉，已过了二十年。

少康是个很聪明的孩子，而且很早熟。因为早在少康十来岁时，后缗便告诉他祖上失国的惨痛经过，叮嘱他日后要报仇雪耻，复兴夏朝。从此，在少康的心灵便种下了复国的

第九节 一次快乐的旅游

种子。发愤图强,夺回天下,这便是少康的终生志向。

老酋长对这个外孙非常疼爱,也非常器重,经过一番考察后,便任命他担任牧正,管理牛羊畜牧的事情,以此锻炼他的能力。

但此时的少康,可不是普通的放牛娃,而是一个掌管整个部落畜牧业的长官,相当于近代的农林部部长。在原始社会向奴隶社会转型的时代,畜牧业的地位远比农业重要,畜牧业的兴旺将会对一个部落的经济发展产生至关重要的作用。

少康这个农林部部长做得像模像样,工作处理得头头是道,有仍畜牧业得到了空前发展。而少康工作之余,还进行驯马活动,并请一些前辈教他带兵作战的本领。因为他知道,机会总是留给有准备的人的。

于是,少康火了,有仍部很多人都知道老酋长有个好外孙。老酋长自然很欣慰,少康也更加信心十足。少康,努力吧,终有一天,你会实现你的复国之梦!

但俗话说得好,福祸相依,紧随在风光之后的往往是灾难。出名了的少康便是如此,因为,寒浞得知了他的消息。

寒浞老了。如果在当代,他应该退休了。时光如白驹过隙,此时的寒浞已过六十。距杀死后羿取而代之已40年,距消灭姒相一统天下也已20年。

他再也没有了从前精准、冷静的判断力,再也没有从前的勃勃野心与斗志。40年毫无目标的太平日子,足以让一个上进的人变得庸俗且无能。安逸,从来便是一把杀人不见血的刀,它可以无痛地取走一个人的灵魂和曾经那么珍贵的时间。因此,人必须活在挑战之中,否则,他仅仅是一个自以为是的、等待死亡的躯壳。

当寒浞偶然听到大禹尚有后裔存世时,他的第一反应便是觉得很可笑,可笑得简直就是天方夜谭。他冷笑着,他认为,这一定又是那些唯恐天下不乱的人在造谣生事。

但毕竟这谣言很大,倒要宁可信其有,不可信其无,有必要弄清此事,一则放心,二则堵住那些造谣人的嘴。但寒浞又不愿兴师动众去处理此事,因为这会让那些不怀好意的造谣者正中下怀。因此,寒浞便采取了一个折中方案,派一个特使去有仍查明此事即可,小小有仍,绝对不敢隐瞒实情!于是他把这个任务交给了大儿子寒浇,寒浇也不以为然,只派助手椒作为特使,率了一支队伍前去有仍部落核实此事,若真有大禹后裔,便就地斩立决。

椒领命,率部直奔有仍。这应该算个苦差,因为寒浇的过国在山东莱州,而有仍部落的统治范围在山东济宁,两地直线距离为360公里,自驾走高速则为477公里。但椒是幸运的,因为,这将是一次快乐的旅行,这更是一个非常有纪念意义的任务。这个任务将使他这个小人物非常偶然的青史留名。

椒一行人的到来得到了以老酋长为首的有仍部落热烈欢迎,老酋长还亲致欢迎词。可当椒问及少康一事时,老酋长却是一脸茫然,转身忙问身边众人,答案当然也只有一个,那就是不曾有这个人,之所以有此传闻,肯定有人存心不良,诬陷有仍部落。为了证明清白,老酋长主动邀请特使一行前往牧正官署参观考察。

也许是老酋长的表演过于逼真,也许是有仍的酒宴太过

第九节 一次快乐的旅游

丰盛,也许有仍赠予的财物十分诱人,也许椒本来就不相信少康的存在,也许他们此行的目的本来就不是少康。少康是否存在,关他们屁事,他们只不过完成一个任务而已。他们需要的是一次快乐的丰收的旅行。

于是,双方的会谈和交流在友好的气氛中结束了,酒足饭饱的旅游观光团满载而归,当然少不了有仍部落孝敬寒浞的贡物。椒向寒浞汇报,所谓的少康其实是根本不存在的,这是一个彻头彻尾的谣言。同时观光团成员纷纷赞美大王的英明判断,早已猜到这只不过是一群无聊的小人在放烟幕弹而已。

任何独裁者最终都会陷入绝对自恋的怪圈,因为赞美他的人太多,以至于自我迷失,寒浞也是如此。于是,寒浞下令,事实已经查明,以后若有人再谈及所谓的少康之事,便一律斩杀。这是一个类似掩耳盗铃的愚蠢决定。

因为少康——大禹的玄孙,正真真实实地活在这个世上,只不过他不在有仍部落而已。可是,少康,你究竟去哪了?

49

第十节 去打开另一扇窗

少康正在流亡的路上,路在何方?少康不知道,没有人知道。能够活着逃出有仍部落,对少康来说已属不易。

早在少康为有仍牧正时,便时刻对寒浞保持着警觉,也正是这份警觉救了他自己。在椒来到有仍之前,少康便已探听到了消息,提前脱了身。静如处子,动如脱兔,这是成功者的必备素质。

此时,少康刚满二十岁。流浪,流浪,流浪远方。天下之大,何处是家!流浪,这对一个从未出过远门的年轻贵族而言,绝对是一个很大的考验。

如今,有些自以为是的孩子,稍有不如意,便愤愤地大谈离家出走,并以此威胁家长。幼稚的他们根本不知道,出走的日子里将会遭遇多少难测的危险。而在那个弱肉强食的古代,离家的孩子跟一只流浪狗是没有区别的。

此时,流浪儿少康正面临着一个艰难的抉择。

隐姓埋名,苟活一世?但若如此,一个无名的毛头小子何时才能有出头之日?复国大计何时才能完成?

报上大名,寻求收留?现在除了寒浞、寒浇及其几个党羽国外,大部分部落都很弱小,有谁不怕寒浞?谁敢收留?或许,一些见风使舵者极有可能将他捆绑,向寒浞邀功请赏。

第十节 去打开另一扇窗

一招不慎，满盘皆输。在人生的岔路口，选择哪一条路，对未来的影响极大。

投奔到何处，方才有未来？这是一道非常有难度的选择题。最后，少康把赌注压在了有虞部落。这是一个非常冒险的决定。因为，舜曾为有虞氏部落首领，而现任首领正是舜的后代。众所周知，大禹是舜的取代者，是有虞部落的仇人。

有虞是舜的发迹地，是一个古老的部落。它信奉一种叫驺虞的仁兽，并以其为图腾。这种兽类到汉代已经绝迹，它只吃死的动物，而不吃活的动物，所以人们称它为仁兽。因此有虞应当并非一个好战的部落。

有虞部落曾经势力很强大，活动范围在今山西南、河南西北，都城在蒲阪（古蒲州——今山西省运城市永济市）。更有古史记载，有虞氏不仅是上古时代的一个古国，更是夏以前的一个独立的朝代——虞朝。这个王朝可能存在过数百年，而舜，就是虞朝的最后一位君主。

夏以前的朝代是虞，春秋时人还言之凿凿。不幸的是春秋以后文献散失，有关虞代的史料大量湮没；战国以后文献中所述的虞史传说又大半经过了诸子的加工改造，可信度大大下降。近代辨伪思潮兴起以后，古史辨派的学者们索性从信史中将虞代一笔勾销，将夏以前的古史一股脑儿归于"神话传说时代"。

设想一下，虞朝之说的论点如果确立、确认，那么中国的历史通称就要改变，"中国上下五千年"就要改为"中国上下六千年"，这确实是一个很有魅力的历史话题。

无论虞朝是否存在，但有一点却是确凿的，那就是舜的大酋长地位是被大禹取代的。而当年老的舜被迫把帝王禅让给大禹后,禹便上演了一场"隔代遗传"的好戏,让自己的儿子启间接登上了王位,开创了"家天下"的夏王朝。

为维持姒家的统治,禹和启对仍很强盛的有虞部落进行迫害是可以想象的。

禹老谋深算,并未对有虞部落大开杀戒,因为这毕竟与一代明君的形象不符。他只是将舜的儿子商均封于河南虞城,自蒲阪(山西永济)到虞城(今河南虞城县),今相距586公里,因此,这次改封,实际上是对有虞部落进行强迫迁徙,这是有预谋的迫害。此后,有虞部落大部分族人大量向南、北、东方迁移,有虞氏进入衰落时期。

既然有虞部落和夏族有宿怨,那么少康为什么会选择有虞,这岂不是羊入虎口?其实,这是少康深思熟虑的结果,可以说是少康的一次豪赌,赌注便是自己的性命。少康认为,自己的胜算很大,道理很简单,那就是他和有虞有一个共同的敌人,这个敌人就是寒浞。少康有理由相信,有虞需要他。

有虞部落的现任酋长叫虞思,应该是舜的玄孙。东迁后的有虞部落正处于寒浞统治区腹地的东南侧,这对于寒浞来说,就像是肚皮底下趴着一只小老虎,当然不爽,总欲除之而后快。

但有虞部落毕竟是舜的故国,而舜素有圣人之名。因此,没有合适的理由,便不好进行征伐,否则会大失民心。既然不好一口吞下,那么最好的方法便是先挑衅打压,再慢慢蚕食。

于是有虞部落成了寒浞的重点游戏对象,三天两头找点

第十节 去打开另一扇窗

茬儿生点事，敲打敲打，寻找一点快乐。这是一个极不对称的游戏，就如一个调皮的六年级学生总会隔三岔五地去揪一个一年级孩子的耳朵一般。被揪者的痛苦可想而知。因此，我们得记住，别向寒浞学习，他是个坏孩子，总把自己的快乐建立在别人的痛苦之上。

世上最痛苦的事情便是无休止的忍耐，忍耐虽然是一种美德，但最终的结局有两个，或是积蓄力量后的爆发，或是彻底崩溃的精神失常。

爆发！可惜虞思却无法选择，因为有虞部落力量尚小，撕破了脸等于是找死，而寒浞要的就是这个结果。因此，虞思除了抑郁之外便别无选择，就在他快精神失常的时候，少康到来了。

少康对虞思真诚而坦白，我就是寒浞要抓的通缉犯，姒相的儿子少康，现在我便把自己交给你，任凭你处置，或送交寒浞，或与我共同抗敌。

少康的到来，对于虞思来说，是个危机，也是个机会。

机会来了要把握，没有机会也要创造机会。要想有回报，必须得冒险。高风险和高回报总是成正比的。敌人的敌人便是朋友，眼前的屈辱已经无法忍受，而祖辈的恩怨早已久远，此时可以放到一边了。

世上没有永远的朋友，也没有永远的敌人，只有永远的利益。虞思，我需要你，你可以为我提供复国的基地。少康，我需要你，你是大禹家族的一片旗帜，你或许可以医治我的抑郁。于是，为了各自的目的，禹舜后人两双有力的大手握到了一起。

上帝关上了一扇门，必然会为你打开一扇窗。你失去的，必然会在其他地方得到收获。只要不放弃希望，每天都是一个起点。

少康，终于结束了流浪儿生涯，找到了他的新起点。

少康，努力吧，希望就在前方！

第十一节 燎原的星星之火

在有虞部落,少康开始了新的生活。

首先,虞思为少康安排了一份很有挑战性的工作。这非常有纪念意义,因为这毕竟是少康在有虞获得的第一份工作。

这份工作就是帮厨,有虞王宫厨房的帮厨,说得直白些,就是一个厨房打杂的。对于少康来说,这份工作,确实让人有点哭笑不得。因为,从农林部部长转岗为后厨打杂的,落差实在太大。

或许是因为外面捉拿少康的风声还紧,虞思也不敢太张扬,便先为少康安排了一个相当低调的工作。也许是虞思还要对少康进行考验,对一支不了解的股票进行贸然投资,风险毕竟是很大的。

这也在检验少康的忍耐力。坚忍是成功的一大因素,同样一件事情的发生,有的人感到非常痛苦,有的人欣然接受。因为这两者的忍耐能力不同。有忍耐能力的人才容易成功。

虽然帮厨这份工作确实和少康所学的复国专业不太对口,但人在屋檐下,怎能不低头。最高明的处世术不是妥协,而是适应。一个理智的人应该改变自己去适应环境。

"尽早注意细小的变化,这将有助于你适应即将来临的更大的变化。无数人事的变化孕育在时间的胚胎里。"这是英国大文豪莎士比亚的名言。

莎翁和少康曾有一段相似的经历。在他成名前只不过是替人看管马匹的，剧院中的杂工而已，但他不因身处逆境而怨天尤人，而是一有空便从剧院的门缝偷看戏台上的演出，他凭着这种执着的"偷学"精神，终于使自己闻名于世。

金子即使落在土堆里也终究会发光的，确实如此。少康的确是一个很会动脑筋的人，平时他待在厨房里认认真真地学手艺，清闲时刻，便搞一些小发明创造。

他见厨房里打扫卫生不太方便，便设计了簸箕和笤帚。过了一段时间后，又见厨房里的一些剩饭、瓜果变了味，产生的汁水竟甘美异常，这引起了他的兴趣，就反复地研究思索，终于发现了自然发酵的原理，然后有意识地进行效仿，并不断改进，终于形成了一套完整的酿酒工艺。

这堪称中国的第五大发明。假如这世上没有了酒，或许就不会有其后曹操的《短歌行》，更不会诗仙李白的《将进酒》了。于是，在酿酒界少康有了一个新名字——杜康，杜康也就成了中国酿酒业的开山鼻祖。

少康在后厨的工作和发明让虞思非常满意。现在外面的风声也不那么紧了，虞思决定为少康升职加薪。于是，少康被任命为有虞庖正（行政总厨），专门负责掌管有虞饮食。

升职加薪，这对任何人来说，都是个好消息。但这对少康来说，意义不仅如此，因为虞思将有虞的饮食交给少康，说明他对少康的信任与认可度进一步加深。

而少康从一位农林部部长成为流浪儿，再从流浪儿成长为一位行政总厨，这个历程确实充满了曲折和戏剧性。从生存的角度来说，此时的少康有虞部落酋长虞思保护着，衣食无忧，此时他的幸福指数还是较高的。但这距少康复国之梦实在太遥远，一个厨师，即使是一个高级厨师，难道可以举着饭勺，顶着锅盖去统率千军万马？难道少康这一辈子就当个餐饮部经理了？

少康很清楚，他还需要等待。等待是一种修行，是在忍耐中酝酿智慧。种子静静卧于泥土，是等待阳光的照射和雨露的滋润，从而长成参天大树；猛虎匍匐于深林，是等待猎物的出现，从而将之擒获；轮船悄悄泊于渡口，是等待旭日东升，从而扬帆远航。

少康坚信，他一定会等到扬帆起航的那一天。事情果然不出他所料，没过多久，他的另一个好消息终于来了。

北宋有位神童出身的诗人，名叫汪洙，虽然名气不是很大，但他所写的一首《喜》诗，却基本做到了无人不晓。

诗中论及人生有四大喜事，让人读起来朗朗上口，确实充满喜感。诗曰：久旱逢甘露，他乡遇故知。洞房花烛夜，金榜题名时。下面，让我们一起来做道选择题，少康遇到了其中的哪一喜？解题方法似乎使用排除法更合适。

对于少康来说，久旱逢甘露与其关系不大，每天在厨房蹲着，阴晴雨雪关他屁事。再谈第二条，少康虽人在他乡，但遇故知的可能性也不大，因为他毕竟是隐姓逃亡，如果真的有人找他，不是刺杀，便是捉拿，总之肯定不是好事。至于金榜题名那更是不可能，因为少康无法穿越，科举制度诞生于隋朝大业元年（605年），距少康所处时代还有两千六百多年。由此便可推得，答案为洞房花烛夜，少康所遇的喜事便是他大婚啦。

俗话说，男大当婚，女大当嫁。二十岁的小伙娶妻在今天属于早婚，到民政局是拿不到结婚证的，除非你年满22周岁，而在那个时代绝对属于晚婚。婚礼现场气氛热烈，新郎少康满面春风，两位新娘笑靥如花。

一场婚礼，三位新人？别大惊小怪，这事若发生在今天，少康便是犯了重婚罪。但在几千年前，那就属于再正常不过的事了。一夫多妻制，自六千多年前的父系社会开始，一直延续到了民国。

而最让少康开心的事倒不是一下子娶了两位夫人，而是这两位美女来头不小。因为她们是虞思的女儿，有虞部落的公主。是的，如今的少康发达了，成了有虞部落的驸马，如假包换的"皇亲国戚"。

能够将两个女儿嫁给少康，可见虞思对少康的信任指数绝对"爆表"。选择对象，一般都从貌、才、财、权四个方面去衡量。一般人会选择貌美和多财者，因为这流于表面，容易识别。至于有权者，更是被追逐的对象，因为权财相生，有权自然便会有钱了。

至于有才者，充其量只不过是个潜力股，即使投资了，也不一定有回报。即使有回报，也不知道要等到猴年马月。因此，对所谓的多才者进行投资，必须具备过人的胆略，准确的眼光。而虞思便属此类投资者，他看中的便是少康的雄才大略，相信只要给少康少许资本，他必然会一展宏图。

其后，少康更是好事连连。对于新女婿，虞思很大方，首先赠予他一块土地，作为行政特区，而少康便是这新特区

第十一节 燎原的星星之火

的首任特首。这特区名字叫作纶邑,在有虞部落的东南部(在今虞城县东南,河南商丘地区)。

虽然这个特区疆域较小,可以耕种的田地,不过十里,人民也不过五百壮丁(那时唤作一旅),但这对于饱经忧患的少康来说,能得到一个安身之地,已经十分满意了。从此,少康获得了"有田一成、有众一旅"的根据地。星星之火,可以燎原。

这时的少康虽然年轻,但历经多重磨难,心智愈加成熟,早在逃亡途中,少康便已意识到,导致自己落难的王族身份,同时也是巨大的政治资本。所谓危机,就是危险中存在着机会。虞思赠予的纶邑,正是这场大危机中希望的种子。

于是,少康小心地经营伦邑,他不仅善待自己的百姓,同时他大力宣传祖先禹的功德,让各部族感念大禹的恩情。于是,来投奔少康的人络绎不绝,其中不乏能者。于是,纶邑渐渐强大起来。

经验告诉我们,宣传工作要常抓不懈。这一招,古往今来都非常有效。刘备,自称为汉景帝第十三代孙,在隆中得到了诸葛亮。少康在纶邑,他终于迎来了在他复国征程中最重要的人。

第十二节 多行不义必自毙

天眷大夏,助少康复国的重量级人物终于闪亮登场,他的名字叫伯靡。

伯靡的经历有点复杂。早在妣相被后羿立为傀儡时,伯靡便是妣相的臣子。后来妣相被后羿逼走商丘,伯靡却并没有跟随妣相,而是选择了后羿。不料,此后寒浞杀了后羿,然后便开始清洗后羿的左右,伯靡便是黑名单中的一员,侥幸仓皇逃到有鬲部落(今山东德州东南)。

若从古代忠君的道德角度来评价伯靡,伯靡算是一个贰臣。当初,他并没有紧随妣相一条路走到黑,而是换了新老大后羿,假如寒浞重用他,或许他可能梅开三度。

后来也有人为伯靡辩解,说他之所以未跟着妣相建立流亡政府,是因为他想留在后羿身边做"无间道",相机行事。真相到底如何,无人知晓。其实这也并不重要,重要的结局已成定局,最重要的是他是个很有才干的人,为此后大夏复国工程的竣工立下了汗马功劳。因此,少康并不孤单,日夜筹划兴复大夏大计的除了他以外,还有伯靡。

潜伏在有鬲部落的伯靡,一直留心着外面的战事。当斟灌和斟寻两个部落被寒浞消灭后不久,伯靡便来到了两地,招抚流亡,收拾残烬,勉励他们埋头苦干,矢志报仇。

第十二节 多行不义必自毙

寒浞的征战给两地种下了仇恨的种子。家园尽毁，亲人死伤，谁不切齿痛心？现在有人领导他们闹革命，个个激昂奋发，决心雪耻。伯靡就从中挑选壮丁组织起来，训练成军。

在有鬲，经过伯靡的多年经营，也有了众多的粉丝。于是伯靡成了斟灌、斟寻、有鬲三地的老大。万事俱备，只欠东风。伯靡还缺少一面旗帜，一面具有强大的号召力的旗帜。

也就在这时，他得知了少康的消息。伯靡不禁大喜过望，便与少康联络，共谋大举。此时少康实力大增，可调有仍、有虞、斟灌、斟寻、有鬲五国之兵。时机已经成熟，少康正式举起了复国的大旗，向寒国宣战。

寒浞做梦都没想到，已被他残杀殆尽的大禹家族竟然还有子孙，那个曾经被他追杀得惶惶如丧家之犬的少康，通过这点小本经营居然做起了大买卖。

这一年是公元前1966年，寒浞已统治天下五十五年，现年75岁。日暮西山，强弩之末。任何强者都有他颓势来临的那一天。此后的齐桓公、赵武灵王、梁武帝、唐明皇都是如此，长寿害了他们，使他们成了半截子英雄。因此，寒浞的最终败亡主要原因并不在于他的无能，而在于他活得太久，也许上天需要他给少康一个复仇的机会。

寒浞的悲剧还在于他没有培养好下一代。两个儿子虽然勇力过人，且狡黠善战，但这些优势只适合打天下，而不适合治理天下。治理天下必要高压、怀柔两手抓。而寒浇和寒戏自以为天下已太平，便开始为所欲为，在他们所在的过国和戏国横征暴敛，作威作福，早已尽失民心。沸腾的民怨好比干柴，只需一颗火星便可点燃。

此时，点火的人向我们走来，他带来的不是一颗火星，而是举着一支火把，身后跟着无数束熊熊燃烧的烈火。他的名字叫少康，他的原始身份是大禹的五世孙，现在的新身份是五国盟主。

这一年，少康35岁，早已不是从前的那个毛头小伙，儿子季杼也已15岁。

他的敌人是寒浞三父子。他的第一个目标是寒浇。因为寒浇最为骄横，也最不得民心。一个貌似强大的国家，如果上下离心，缺少凝聚力，便只能算是一个纸老虎。但目前寒浇所统治的过国的国力远胜少康，且寒浇是一个大力士，传说他可以陆地荡舟。难以力敌，便可智取。擒贼先擒王，少康选择了斩首行动。

执行此次任务的刺客叫女艾。女艾原是少康的女仆，很幸运，她成了中国历史上第一位间谍。她智勇双全，这是间谍的必备素质，女艾便是一位智勇双全的奇女子。

她来到了过国，或许施展了拍马计，或许是美人计，总之她很快就骗得了寒浇的信任，寒浇何时练兵，何时打猎，何时何地休息，都被女艾摸得一清二楚，只等时机将他刺杀。某个深夜，女艾摸进了寒浇的寝室，一刀下去，砍下一个人头，连夜奔回了纶邑。

原以为圆满完成了任务，天明后，女艾才发现手里提的只是一个女人的头颅。原来此次只是错杀了寒浇的情妇女岐。A计划失败，女艾却并不泄气，而是开始制订并实施B计划。

寒浇见情妇身死，不禁大发雷霆，责打身边的侍卫，声称如到期不能拿到凶手，便都是死路一条。暴怒之下的寒浇

第十二节 多行不义必自毙

并没有意识到危机的迫近。

几日后,寒浇又出城前去田猎,追逐鹿群,进入一片山林。鹿群逃入林中,一群猎人却出现在了寒浇的面前。猎人们却并不理会寒浇的怒斥,一阵哨响,几十只猎犬便从四面八方向寒浇扑来。寒浇再英勇,又怎能敌得过这么多的猎犬?

再看身边侍卫,早已四散奔逃,无一前来搭救。侍卫们很清楚,如果寒浇今天不死,不久就将是他们的死期。现场血肉横飞,闻得血腥的猎犬更为疯狂,寒浇不绝的哀号声令人听了毛骨悚然,直至无声无息。猎人们走上前来,斩下了已被撕得四分五裂的寒浇的头颅。

很明显,这些所谓的猎人只不过是女艾带领的特种小分队而已。女艾带着早已潜伏在城外的军队摇旗擂鼓来到了过国的城下,一枝长杆上挑着寒浇的头颅。树倒猢狲散,城内寒浇的党羽四处奔散,老百姓们却是喜出望外,开门投降。

多行不义必自毙,一切貌似强大的独裁政体,如果民心尽失,它的倒塌可能就在瞬息之间。坚固的堡垒,往往不是被外力所攻破,祸起萧墙,才是最致命的。

少康灭过之战完美收官,但复国的道路依然任重道远,因为他的强敌只去三分之一,剩下的寒戏和寒浞的实力不容小觑,稍有不慎,便会前功尽弃,万劫不复。

少康该如何去对付另外的两个对手呢?

第十三节 大夏王国的复活

女艾一战,干净利落,助少康消灭了复国征程中最强的对手寒浇,灭掉了过国,可谓首战告捷,而寒浞和寒戏父子俩却还蒙在鼓里。因为此战为极其隐秘的斩首战和突袭战,在那没有电话、微信的远古时代,要想及时得到消息真的很难。

不过,这次很奇怪,寒戏却较为及时得到了哥哥寒浇被杀的消息,而这个消息是姒季杼友情提供的。姒季杼便是姒少康的儿子,他不是汉奸,而是和女艾一样,也是个"无间道"。

就在过国被灭后不久,季杼便奉老爸之命率部向寒戏的戈国秘密进发。临近戈国,季杼却停止了前进,他想和寒戏玩一玩躲猫猫的游戏。为了这个游戏能玩得生动有趣,他先挑选了几名有表演天赋的士卒化装为百姓,混进城中,在城中广而告之,宣传一些诸如过国被围困多日、寒浇紧急求救等独家新闻。

新闻经过专家特别的技术处理,传播者又经过了专业的表演培训并进行了多次彩排,即使放在今天的春晚,估计至少也能获得语言类节目三等奖。因此,这由不得寒戏不信,何况现在的他早已被安逸的生活惯成那种只长肥肉不长脑子的人。

于是,寒戏立刻点好兵马,出城救援过国。兵贵神速,

第十三节 大夏王国的复活

寒戏从听到消息到出兵只不过几天时间,不可谓不快。但寒戏不知道,此时此刻,他正飞速向死神狂奔,速度越快,他的死期也越近了。因为,有一个"顽皮"的季杼正在某个山脚的路边等着他,等着和他玩那个致命的躲猫猫游戏。

兵马行至半路,突然,奔驰在前面的几匹骏马失蹄翻倒。在寒戏和士兵们惊魂未定时,四周便冒出了一波又一波的伏兵,这些便是帮助季杼来赢得这次游戏的勇士。

寒戏的部队已经好久不经历战争,突然遇袭,早已乱作一团。季杼乘机指挥勇士一齐涌上,刀分人浪,直取寒戏。双拳难敌四手,寒戏再勇猛,也敌不过一阵乱刀。砍死寒戏后,游戏结束,季杼不做停留,率兵急攻戈国。

寒戏在戈国,本来就是个不讨喜的主,现在既已身死,谁肯为他死守?和过国情况如出一辙,百姓大开城门,迎接季杼进城。

自此,少康的复国大军先后斩灭了寒浞的左膀右臂,攻克了他的两大封国,收复了大部分中原地区。

打铁还需趁热,部队稍加休整之后,少康命伯靡率军攻打寒浞的老巢斟寻都城,毕竟伯靡对斟寻和寒浞最为熟悉。

这一年是公元前1961年,此时寒浞已在位整整六十年,寒浞已成了八十岁的老人,一个失去了两个儿子的可怜的老人。他再也无力征战厮杀,也没有得力的帮手相助,唯一可以做的,便是做一只寒号鸟,躲在深宫里得过且过,苟延残喘。

兵临城下,寒浞勉强披甲上城,企图拼死一搏。但上天却连一搏的机会都不再给他,甚至他连自杀的机会都没有。他的部下见大势已去,为了给自己和家人留条活路,他们在夏军围城的时候突然反叛,将寒浞绑缚,打开城门将他献给了伯靡。这在现代可以称为投诚或起义,其实就是叛变。

满头白发浑身血迹的寒浞被拖到伯靡面前。作为胜利者,伯靡自然非常得意,想起从前被寒浞逼迫流浪天涯的苦日子,不禁恨从中来,先对寒浞进行公审,历数寒浞各项罪状,过完嘴瘾后,便下令将寒浞处以极刑,将他的肉一片一片割下,凌迟至死,同时又命令将寒浞一族斩尽杀绝。想当年,夺权成功的寒浞对大禹的子孙斩尽杀绝,如今自己也得到了相同的下场。一报还一报,只不过时间未到而已。

自此,少康重建了大夏王朝,建都纶邑(今商丘夏邑县),这一年,少康四十岁。

自大禹(姒文命)诛灭防风部落,树立绝对权威,为夏朝建立打下基础,经姒启杀伯益夺得王权,并通过甘之战挫败反对者有扈部落建立夏王朝后,又经太康、仲康、相、少康等四世,近百年的时间,多次运用战争手段,才最终确立了夏朝的统治。政治上重视人的因素,军事上重视谋略,这是少康能以弱胜强,重建夏朝统治的重要原因。

少康复国的故事本应到此结束了,然而在尾声中有必要再谈谈寒浞。历史是由胜利者书写的,而寒浞是个失败者,失败者被丑化成为必然。

历史上真实的寒浞是否那么让人不齿?在历代史书中,可寻觅一些蛛丝马迹。他自消灭姒相,统治天下达四十年,他善待国民,人民生活安定幸福,在历史上赢得了"相安"的美名。

因此,寒浞死后,人们为其修墓拜祭,以感恩德。寒浞冢墓今犹存，在山东潍坊寒亭区寒亭街道东冢子村村南50米处。冢为黄土夯筑，外形为半球形，封土堆上长满了杂草、灌木，虽有盗挖迹象，但目前保存基本完好。而在东冢子村西侧偏南处，距寒浞冢两三百米，历史上曾有过一座小庙，殿堂中供奉有"寒浞爷"神像。东、西冢子村民及附近百姓曾多有祭拜者。

假如少康复国之战失败，或许寒浞便会被塑造成为一位高大上的英明之主。但历史不容假设，少康胜利了，从一个遗腹子成长为一个再建帝国的帝王，其中包含着太多的不可思议。

偶然中往往蕴藏着必然，曾经的苦难经历对于每个人来说都是一笔巨大的财富。

少康在位21年，致力于华夏内部的团结和农业生产的发展，天下安定，史称少康中兴。唐太宗李世民论及古今政体时说："历代中兴之言，以少康为冠。"

大夏，始于公元前2070年，终于公元前1600年，共存在470年，自太康失国后，夏王朝混乱了近百年，而少康则开启了之后的361年。

四千多年前的人类历史，看似离我们那么遥远，其实在人类漫漫的历史长河中，它离我们很近很近，近得仿佛伸手便可触摸。先祖们的成功与失败，欢笑与泪水，都给予新时代的我们以深刻的启迪。

第十四节 大夏的芬芳时代

大夏王朝，在少康手中得到了复兴，而大夏的鼎盛时期还未到来。重建的夏朝百废待兴，少康先要做的是发展生产，解决老百姓的温饱问题。

历经磨难的少康深知民间疾苦，他廉洁勤政，关心农业生产，大力治理水患，终于使国内生产有了较大的发展，王朝的统治也得以巩固。安定内部的问题已解决，但少康并不能轻松下来，因为他还要解决一个更为棘手的问题，那就是东夷问题。

在中国中心主义的天下观中，东夷和北狄、西戎、南蛮并称四夷。东夷，在不同时期指不同群体，即早期东夷与之后的东夷所指的群体有所区别。

早期东夷是华夏族的一个重要组成部分，比如东夷的首领少昊，秦人的祖先伯益，此后代夏的后羿、寒浞等都是来自东夷。随着商代的东夷与华夏的融合，到周朝时的东夷则变成古汉族对东方非华夏民族的泛称。

因此，东夷并非单指某一族群，其所指代的概念随着中原王朝疆域的变化而屡屡变化。

大夏王朝的统治范围大致西起河南省西部、山西省南部，东至河南省、山东省和河北省三省交界处，南达湖北省北部，

第十四节 大夏的芬芳时代

北及河北省南部。这个区域的地理中心是今偃师、登封、新密、禹州一带。而此期的东夷便是在夏王朝统治中心以东的那些时服时叛的部落。

在大禹时期,威服四方,东夷与大夏一心一体,因此大禹才会先后选择来自东夷的皋陶和伯益做接班人。而在姒启时期,恩威并施,也无人胆敢反叛。而在太康失国之后,东夷便与大夏渐行渐远,而来自东夷的后羿和寒浞更是代夏近百年。

在少康即位初年,东夷中只有方夷部落前来朝拜(《竹书纪年》),其他部落则是虎视眈眈,或许大部分部落都是寒浞的支持者、同情者,毕竟,寒浞是从东夷走出去的。因此,大夏王朝与东夷诸部落之间有个结,而这个结只能用战争才能解开。

既然战争难免,那么新兴的大夏必须有所准备。然而就在少康积蓄力量,准备征伐东夷时,却不幸得病身死,在位21年。于是,征伐东夷的重任便落到了下一任夏王姒杼的肩上。

俗话说,老子英雄儿好汉。似乎在武功方面,姒杼更是青出于蓝而胜于蓝。早在姒杼十五六岁时,便为老爸少康复兴大业立下了汗马功劳。战争历练了姒杼一身过硬的本领,也获得了丰富的作战经验。虽说上阵父子兵,但历史上父子携手打下江山的并不多,除了姒少康和姒杼这对父子外,最著名的还有李渊、李世民爷俩。

姒杼即位以后,继承老爸少康的遗志,积极准备征伐东夷。在战争中,无论古今,先进的武器往往是制胜的重要因素。

为了提高部队的战斗力,减少伤亡,姒杼发动群众,集

69

思广益，设立了研发部门，专门研发新型武器。研发工作取得了丰硕果实，其中最重要的成果便是长矛和盔甲。长矛便于进攻，盔甲用于护身。

长矛的构思属于剽窃，因为其原属东夷制造。值得表彰的是，设计盔甲的创意主要来自姒杼。因为姒杼曾常年与寒浞势力交战，他目睹了许多士兵的牺牲。但是，战争是无情的，有战争就有伤亡，谁都无法左右！为了更好地保存自己的实力，有效地减少在战争中的伤亡，姒杼在平时特意留心观察，他发现一些兽皮和藤甲可以对敌人的刀、箭有很好的抵御作用。经过其多次试验，战甲——这种在以后战争中必不可少的东西产生了。有了战甲之后，大夏士兵战斗力大增，与东夷作战获胜的概率更大了。

为了扩大大夏的统治范围，早在姒杼即位后不久便把王都由斟寻（河南巩义市）迁到了黄河北岸的原（河南济源西北）。当他完成了征伐东夷的准备以后，为了战争的需要，又迁到了老丘（今河南开封市陈留镇北）。至此，征伐东夷的一切准备就绪，姒杼亲率大军，剑指东夷。

早在战前，姒杼便派人积极进行了统战工作，因此夏师得到了沿途各地诸侯方国的支持，所以较顺利地征服了分布在今河南东部、山东和江苏北部一带的夷人部落，而且一直打到了大海之滨。

这里所说的大海指的是今天的黄海。古代把现代的黄海称为东海，所以传说中记载：征于东海及三寿，得一狐九尾（《汲郡竹书》）。三寿是东夷的一个部落，其确切的今地已无法考证，只知是一个靠近大海的地方，应属今天的山东或浙江临海某地。

不过据《山海经·海外东经》记载:"青邱国在其北,其狐四足九尾。"又据《史记正义》说:"青邱国在海东三百里。"由此推测,当时所说的三寿,很可能就是青邱国。青邱国是东海的一个岛国,那里出产一种叫作九尾狐的动物。姒杼的东征大军可能已经打到了东海,而且远涉重洋,登上了海东三百里的一个岛国。由此可见,当时的夏王朝不仅有一支强大的步兵,而且还有水军和一定数量的战船,否则是不可能越海作战的。

被姒杼率兵痛打之后,三寿部落变得很乖,表示臣服并献上当地特产——白色的九尾狐。因为当时把能见到白狐视为祥瑞,所以九尾狐又叫瑞兽。传说只有天下太平时期,才能见到白狐。

这是一个好的兆头,姒杼很高兴,也很满意,便收兵回师了。不久,姒杼死去,年仅27岁。虽然姒杼寿命不长,但夏族后人把他看作一位能继承禹事业的一个名王,并隆重祭祀。因为他不但巩固了夏王朝的统治,而且还重新征服了东夷诸部落,恢复了大夏昔日的辉煌。

姒杼死后,儿子姒槐即位。有了少康、姒杼两代努力的基础,夏朝最辉煌的时代来临了。姒槐在位期间,继续对外用兵,不过他的用兵方略与父亲有所不同,他父亲是往北往东用兵,他却把攻伐的方向转往东南的淮水流域。他先后征服了居住于泗水、淮水之间的九夷,即畎夷、于夷、方夷、黄夷、白夷、赤夷、玄夷、风夷、阳夷等部落,扩展了夏朝的势力,同时夏朝的社会经济有所发展。

槐树之花的黄色象征夏王室，槐树之花开花时节在夏天，因此槐树之花就是夏朝之花。姒槐又名帝芬，这也是指花朵芬芳之意。所以帝槐名号告诉我们，他在位的时代，是夏朝的"槐黄时节"，是夏王朝之花盛开的时节。

姒槐在位 44 年后死去。儿子姒芒在位 18 年，是他开始了延续数千年的沉祭（即将祭物沉入黄河企求河神的庇护）。姒泄，姒芒的儿子，在位 21 年。他在位时，正式赐封九夷各部诸侯爵位。姒不降，姒泄的儿子，在位 59 年后，他做出了一件让人意想不到的事情。那就是他并没有把王位传给儿子，而是传给了他的弟弟姒扃。

应当是姒不降早看出了儿子是一个不成器的角色，因此才做出了这一艰难决定。后来的事实证明，他的这一做法是对的。

但是，正确的决定所造成的后果却很严重，因为他的儿子生气了。他的儿子叫作姒孔甲，他使大夏王朝走向了它的拐点，它的芬芳时代即将结束。

第十五节 吃龙奇人姒孔甲

大夏王子姒孔甲觉得很累很累,使他累的人,不是别人,而是他的老爸——姒不降。

在孔甲看来,已在王位上待了 59 年的老头子患病了,患的是典型的老年痴呆症,否则他不会做出那么糊涂的决定。

其实,姒不降做出的决定很明智。这个决定便是把王位内禅给弟弟姒扃。知子莫如父,姒不降很了解自己的这个儿子,性情乖僻,喜好鬼神,不务正业,好逸恶劳,便是对他的最中肯的十六字评价。假如按照夏朝世袭制,儿子孔甲继承了王位,以他神经兮兮、不思进取的个性,百姓必然受苦,更会影响大夏国运。

因此,姒不降辗转反侧,下定决心改变大夏一直以来的传子定律,而把王位传给弟弟姒扃。但姒不降内心仍有隐忧,因为自己的这个决定必然会受到儿子的反对。自己身死之后,弟弟未必可以顺利接班,因为儿子未必肯甘心让位,这可能会引起一场宫廷内斗。

于是,姒不降想到了一个好办法,决心仿效尧舜故事,实行禅让,并在自己还活着的时候便把王位让给弟弟。姒不降的禅让属于一家人内部禅让,因此叫作内禅,正如一句俗语说的那样:肥水不流外人田。今天的古巴共和国实行的便是这种内禅制。2006年，80岁的菲德尔·卡斯特罗，将国家最高领导权移交给75岁的弟弟劳尔·卡斯特罗。社会应该是向前发展的，但卡斯特罗的内禅比姒不降晚了近4000年。

在弟弟姒扃当了11年的夏王后，姒不降方才死去。关于他的历史记载并不多，但从中可以推测姒不降应该是一位称职的帝王，这不仅表现在他传弟不传子这件事上，他还曾经率军讨伐过叛乱的九苑部落，并取得了成功，维护了大夏在方国和诸侯中的权威。

老爸姒不降死了，儿子姒孔甲很高兴，因为他终于摆脱了老爸的监督，此后便可以大展拳脚，把叔叔一脚踹下王位。于是他便在暗中培植势力，寻求谋取王位的同盟者，而此时的姒扃王位已经稳固，王朝内外，大多数贵族臣僚和诸侯、方伯还是拥戴姒扃，并称颂不降让位于弟弟的圣德。

这种局面让孔甲很意外，很伤心，谋夺王位的企图既然难以实现，便只好将希望寄托于鬼神，经常搞一些跳大神、鬼附体之类的祭祀，求助于天帝神祇。

7年后，姒扃死去，他的儿子姒廑甲即位，因为这是姒不降隔代指定的接班人，孔甲再嫉恨也是无可奈何。姒廑甲在位21年，历史对他的记载更少，只记他将夏朝国都迁于西河，即今天的河南省汤阴县城东菜园镇南的西河村，汤阴属于安阳，后世的名将岳飞便生于汤阴。姒廑甲之后的四代国君也都居于西河，夏都西河历经五王82年。

廑甲因何迁都？史书并未说明，因此无法辨析对与错，而他犯下的最大的错误，便是竟然让堂哥孔甲接了班。或许是他主动传位给孔甲，或许是他死后王位没有了继承人，也

第十五节 吃龙奇人姒孔甲

可能是孔甲夺权成功,史书并无明确记载。但有一点可以确定,在姒胤甲死后,他的堂哥孔甲还健在,而且即了位,成了大夏第十四代国王。

王位失而复得,孔甲感觉很幸福,这个幸福的日子让他苦苦等待了39年。成功即位,孔甲相信,这一定是他求助于鬼神的结果,就愈加沉醉在迷信活动中。他相信只要信奉天帝,便自有天眷,无须凡人的那些无谓的努力。

所以,孔甲最热衷的活动除了祭祀鬼神以外,就是打猎和玩乐。对于王朝政事、社会生产,他完全弃而不管了。因为,他认为,一切自有天注定。

这是一种很可怕的想法,因为,一个人如果把自己的一切对错得失皆归因于鬼神,归于客观,则失去了努力或改过的动力。

就如太平天国的洪天王那般,当天京的最后一道屏障——长江上游的重镇安庆失守,各地太平军节节败退,形势急转直下之时,李秀成一再劝他率众突围、"让城别走",而麻木自欺的洪秀全却勃然大怒,训斥道:"朕承上帝圣旨、天兄耶稣圣旨下凡,做天下万国独一真主,何惧之有?不用尔奏,政事不用尔理。尔欲外去,欲在京,任由于尔。朕铁桶江山,尔不扶,有人扶!"李秀成问:"天京城内兵微将少,怎么办?"洪秀全答道:"尔说无兵,朕的天兵多过于水,何惧曾妖者乎?尔怕死,便是会死,政事不与尔干。"

这位被今天某些史书大赞特赞的农民起义领袖洪天王,最终拒绝了李秀成"让城别走"的建议,结果只能坐以待毙。

过分迷信的结果便是自欺欺人,进而达到无可救药的昏庸。

迷信鬼神的孔甲自我感觉非常良好，其实，他的王国早已危机重重，早在他即位的前些年，夏王朝便多次发生过严重的旱灾，农业歉收，百姓缺粮，人民挣扎在死亡线上，这便需要政府采取必要的措施进行救助，然而孔甲继位后的种种云天雾地言行，空泛而不切实际，把百姓忽悠得无比失望，进而转为愤恨。

一些王亲贵戚、诸侯、方伯也对孔甲的言行深为不满，内部矛盾逐渐激化，渐渐地，对孔甲不信服的诸侯越来越多，出现了"自孔甲以来而诸侯多叛夏"的政治危机。威信一旦崩塌便很难重建，可见，老大也不是那么好当的。

不知历史为何对孔甲如此关注，《史记》《竹书纪年》《左传》《国语》等史书对孔甲都有记载，甚至还有两个生动具体的故事。

一是创作《破斧之歌》。有一次，孔甲在东阳黄山打猎，突然天刮起大风，天色昏暗。孔甲迷失方向，走进一家老百姓的屋子。这家妇人正在生孩子。有人说："君主到来，这是好日子啊，这个孩子一定大吉大利。"有人说："怕享受不了这个福分啊，这个孩子一定会遭受灾难。"孔甲就把这个孩子带回去，说："让他做我的儿子，谁敢害他？"孩子长大成人后，一次帐幕被掀动，屋椽裂开，斧子掉下来砍断他的脚。孔甲叹息道："哎！发生这种灾难，是命中注定吧！"于是创作出《破斧之歌》，让人传唱。

二是养龙。据说因为孔甲天天祭祀鬼神，顺于天帝，天帝格外开恩，赐他"乘龙"。所谓"乘龙"，即驾车的龙，在黄河、汉水中各有雌雄两条。孔甲命人把它们捉来，但却无人能够喂养。因为古代养龙,有专门的人才,豢龙氏是专门养龙的,御龙氏是专门驾驭龙的。

恰巧此时民间有叫刘累的人,他来自尧的本家陶唐部落,曾经在豢龙氏那里学习过驯服龙的本领,孔甲就传令把他叫来。

然后,孔甲就造了两个大池,把从黄河、汉水中抓来的两对龙养在池中。刘累养龙虽然技术尚缺,但很有耐心,把龙喂养得体大力强,孔甲很高兴,就封他为"御龙氏"。但龙终究是难养之物,刘累虽然受过专门训练,却毕竟不是养龙世家,难免会有失误。

一天,一条雌龙突然死去,一阵紧张之后,刘累静下心来,想出了一个主意,偷偷地把这条雌龙的肉剁成肉糜,煮了给孔甲吃,这便把孔甲拖下了水。孔甲吃了后觉得味道鲜美,赞不绝口,便问这是何肉。刘累乘着孔甲高兴,便把一只雌龙已死的实情告诉了他。孔甲听了,倒也没责怪刘累,因为他被满口的余香迷醉了。

过了一段日子,孔甲馋瘾发作,又要吃龙肉,可刘累怎么能杀活龙给孔甲吃呢?三十六计,走为上策。刘累选择了逃跑,一直逃到鲁县,即现今的河南鲁山县。因祸得福,刘累因养龙失败而出名,却被中国史学界公认为刘姓始祖。

刘累跑了,天大地大,不知所踪。孔甲无奈,只好另寻养龙人。还不错,不久孔甲又觅到一个名叫师门的养龙高手。师门这人很奇特,据说经常拿桃李的花当饭吃。在养龙方面,师门也确实有两把刷子,在他的养护下,几条龙健康茁壮地成长,那条丧偶的病恹恹的雄龙也变得精神抖擞,容光焕发起来。最牛的是，师门还会训练龙进行表演，表演的时候，那种盘曲夭矫的雄武姿态看得孔甲手舞足蹈。

但是，师门有个缺点。这个缺点就是性子太直。也许，早在民间时，他就看孔甲不顺眼，这下有机会了，就隔三岔五批驳孔甲。这就有点不务正业了，饲养员竟干起了谏官的活。

孔甲一开始还能忍受，毕竟有求于他。但到了后来，孔甲实在忍无可忍了。有一天，孔甲在满朝文武的陪同下前来看龙，兴奋之余，神经病发作，张开大嘴就龙的话题乱侃一通。师门是内行，自然觉得可笑，便当着文武百官的面毫不留情地批驳了孔甲。孔甲再也忍不住满腔的怒火了，他大发雷霆，叫人立刻把师门拖出去砍头。师门的头被砍下来之后，孔甲怕他的鬼魂作怪，把尸体埋在城外远郊旷野。

谁知师门被杀不久，天降大雨，又刮起大风，等到风停雨止，城外的山林又燃烧起来。孔甲素信神信鬼，便认定是师门的冤魂在作祟，只得乘上马车，赶到郊外去祈祷。祈祷完毕，孔甲方才安心，登车回城，谁知走到半路，便在车中死去了。孔甲在位9年，被安葬在今北京市延庆区东北三崤山。

此两则故事，后人疑点多多。关于创作《破斧之歌》，有人说他强掳民子，使人致残，有人说他迷恋歌舞不务正业，也有人说他是一种叫作"东音"的乐调的创始人。而这则史料的中心思想并不明确，这便产生了众多歧义，也给后世研究历史者诸多猜测，也占了许多便宜，因为可以随意概述更改文意，以便为论证自己的观点服务。

关于孔甲养龙的故事，后人则有更多猜测，最具代表的有以下两种，其一，此事纯属子虚乌有，根本便是孔甲杜撰，

第十五节 吃龙奇人姒孔甲

以示天帝对他的眷顾，以此谎骗天下，愚弄人民。所谓的四条巨龙，不过是四只大龟而已。其二，孔甲、刘累所养的龙，很可能是上古时期仍然存在的恐龙或巨型水兽。因为在当时的自然环境，人类活动的范围还很小，原始森林接天蔽日、绵延四方，水系横流，四野沼泽，非常适于野兽的生长繁衍。

从古籍中，我们经常可以看到关于"龙"和怪兽的描述。据史书记载，大禹治水时曾有三大法宝，即河图、应龙、巨龟。其中对应龙的描述和水生恐龙非常相像：体形硕大，水中活动，力大无穷，头生犄角。大禹在治水过程中还斩杀了一些不服调遣、兴风作浪的恶龙。这应该是水中比较难以驯化的凶猛恐龙或水兽。

因此，我们有理由相信，在当时还幸存着少量的水生或陆生恐龙，它们体形硕大，可泳可翔。由于人类的力量越来越大，少数落入人手的恐龙被驯化，用以驾车、负重、战争。在上古时代，既然有"豢龙氏""御龙官"的职务，就说明了当时设有专门的机构从事这类驯养活动，将人们在野外捕获的野生"龙"——恐龙、巨兽进行饲养、驯化，并形成一套比较成熟的技术。所谓"天降二龙不升"，应该是这种动物在狂风暴雨中受伤不能滑翔飞腾，所以才会被人们捉获。

而离孔甲王都西河约48公里的滑县，古时便为黄河故道，城东南25公里废南城内东南角有豢龙井，《左传》云：此处是姒孔甲擒龙处，并令当地刘累驯"龙"，赐姓曰"御龙氏"。后人将此处称"龙井烟迷"景区，为滑县十二景之一。

一些让今人难以理解的记录，总是出现在古代史书中，但我们不能把这些描述一味看作是神话。

姒孔甲死去了，他留给儿子姒皋的是一个国势正在急剧下滑的夏王朝。故此，《史记·夏本纪》载："自孔甲以来而诸侯多畔（叛）夏。"由此可见，姒孔甲时代，天下的诸侯都逐渐叛离夏王朝，有的虽然没有公开反叛，但也心存异志，对夏王朝采取不卑不亢的态度。

按照前朝惯例，先王去世和新王即位时，各诸侯国都要派大臣入朝向先王吊唁并向新王祝贺，并向新王进献礼物。而姒皋即位时，各诸侯国很少有人入朝，不要说进献礼物，能够派一名代表前来祝贺就已经是难能可贵了。但姒皋已无力去重振国威，在位11年后，病死于西河王宫，儿子姒发即位。

在姒发执政时，各方诸侯已经不来朝贺了，只有九夷的各个方伯前来捧场。此后夏王室内政不修，外患不断，阶级矛盾日趋尖锐，进一步衰落。

19年后，姒发死去，儿子姒癸即位，他就是桀，历史上有名的残暴之君。

历经四百多年，大夏已至风烛残年，他终于迎来了他的毁灭者。

第十六节 绝色妖姬施妹喜

夏桀,其实真名不叫桀,而叫姒癸。桀只是他死后得的谥号,相当于人活着时的外号。

这个谥号很难听,是夏桀的死对头商王朝帮他精心挑选的。"桀"的意思为凶暴,字里充满了残忍与血腥。这谥号是他必得的,因为他是亡国之君,基本上,亡国之君都没什么好谥号,如果胜者不把对手好好损一损,便难以显示他的出师有名。

其实,夏桀并不像后世所说的那么不堪,他本是一个一表人才、文武双全的猛人。据说,他力大无比,可以用手扳直铁钩,《史记·律书》中则记载他"手搏豺狼,足追四马"。如果在今天,估计"散打王"柳海龙也不是他的对手,刘翔也不一定跑得过他。应当说,他的底子不错,怨只怨,他出生的年代不好。

夏桀在位时,各国诸侯虽还没和夏彻底撕破脸,但早已不来朝贺。夏王室内政不修,外患不断,真可谓危机四伏。

为了保持大夏在诸侯方国中的权威,刚上台的夏桀也曾努力过。或许不管是暴君、昏君还是明君、圣君,都有一个开疆扩土、驰骋沙场的梦想。毫无疑问,作为夏朝第十七位君主夏桀至少在这一点上没有愧对祖宗留下的血统。

首先他认为首都西河位置较偏，已经不适应在新形势下管理天下的需要了，为大局着想，经过通盘考虑，夏桀把首都迁回了斟寻，此后东征西讨，平定了不少不听话的部落，当然也得罪了不少诸侯。

　　有施氏（在今山东省蒙阴县境内），东夷众部族之一，世居山东蒙山，历经大汶口、龙山文化时期，至夏代立国。原本，在杼年代，有施部落便已臣服夏朝，为夏朝方国，年年纳贡，岁岁来朝。但后见大夏国势衰落，有施氏便渐渐不把夏王室放在眼里，打算自立山头，不朝不贡。

　　当时正值夏桀在位时期，为稳住自己的江山、遏制四方造反的苗头，夏桀决定以武力征服有施氏，杀鸡儆猴。

　　百足之虫，死而不僵。此时，大夏虽已衰落，但毕竟还是名义上的老大，多多少少还有些面子，因此还能调动不少诸侯部队，组成"联合国"军，以夏桀为盟主开始东征。

　　有施氏占据天时地利，由于物产丰富、农业发达，在众多的方国之中实力较强。不然，他们也不敢公开跟夏朝叫板。但是"好汉架不住孬儿多"，因为他们面对的是夏朝和其他方国共同的攻击，浴血抵抗数月之后，不得不放弃抵抗。

　　俗话说，舍不得孩子套不住狼。夏桀的好色是出名的，为了投其所好，有施部落媾和的条件除了献上牛羊珠宝等财物之外，便是献出有施国的公主，举国公认的最美的姑娘——妹喜。

　　妹喜的美丽确实是惊人的，后世有诗一首，便是称赞她的美丽："有施妹喜，眉目清兮。妆霓彩衣，袅娜飞兮。晶莹雨露，人之怜兮。"妹喜与商末妲己、周代褒姒、春秋骊

第十六节 绝色妖姬施妹喜

姬并称,便是中国历史上著名的"四大妖姬"。所谓妖姬,便是红颜祸水之意。她们都美若天仙,国色天香,深得君王的宠爱。一国之君因为她们无心朝政,甚至为她们而失去江山。

后世多把夏朝的灭亡赖到妹喜的头上,其实,她也是一个受害者,正如柏杨版《资治通鉴》中说道,"施妹喜是个可怜的女孩子,她的身份是一个没有人权的俘虏,在她正青春年少的时候,不得不离开家乡,离开情郎,为了宗族的生存,像牛羊一样被献到敌人之手。"

于是,施家的小公主变成了王的女人。而有了妹喜之后的夏桀渐渐放下了他开疆扩土的壮志,荒淫奢侈,醉生梦死,彻底变成了一位混账男人。他对妹喜迷恋非常,常常把她抱到双膝上,日夜不停地陪她饮酒作乐。不久,他认为宫殿太破旧了,便不惜劳民伤财,下令盖一座新的宫殿——倾宫,给他和妹喜居住。这是一种高大的建筑,因为高,人立于楼上有倾危之感,所以得名。

背井离乡的小姑娘妹喜恃宠而骄,渐渐迷失本性,要求多多,而且还养成了诸多怪癖。而夏桀对妹喜疼爱异常,竟达到了有求必应的程度。

妹喜的怪癖之一是喜欢看人们在规模大到可以划船的酒池里饮酒。夏桀为了满足妹喜的要求,便在宫中造了一个可以荡舟的酒池。邀请三千名饮酒高手在击鼓声中下池畅饮。他在舟上狂饮,宫中男女都得陪饮。看到大家醉得不成人样,他就开怀大笑。一旦夏桀酒醉,他身边的人可就倒霉了,夏桀把他们当成马骑。夏桀骑在人背上,被骑的人被压得爬不动了,夏桀就再换一个,直到累得动不了,自己躺到床上休息,

83

身边的人才释去重负,更有不胜酒力者醉落池内淹死。

她的怪癖之二是爱听撕裂绢帛的声音。妹喜听到撕扯绢帛的声音就笑,而夏桀看见妹喜笑他也就笑,爱情的魔力就是如此不理智。于是,他下令宫人搬来织造精美的绢帛,在妹喜面前一匹一匹撕开,以博得她的欢心。在农业时代初期,丝绸织造业刚刚兴起,破坏这种稀有昂贵的物品,无异于暴殄天物。在今天看来,妹喜的这种嗜好确实怪异,本无意与众不同,怎奈何品位出众?

妹喜的第三个癖好是喜欢穿戴男人的衣帽。女扮男装,历史上不止妹喜一人,祝英台、花木兰不都是男装美人?再那个男尊女卑的时代里,说不定每个美人都揣着一个成为男人的梦想。

夏桀与妹喜幸福的爱情生活虽然甜蜜,但却比较荒唐任性,终于让一些人实在看不下去了。太史令终古向夏桀哭泣进谏:"自古帝王,都是勤俭,爱惜人民,才能够得到人民的爱戴。不能把人民的血汗供给一人的娱乐。这样奢侈,只有亡国。"可惜,老头的鼻涕眼泪只是换来了夏桀的一番怒斥。他早已习惯了充满甜蜜刺激的生活,对这些逆耳之言哪里还能听得进去?

又有个大臣叫关龙逄,是个执拗的主,几次劝谏,夏桀就是不听。关龙逄见婉言劝谏无效,便直言相谏:"天子谦恭而讲究信义,节俭又护贤才,天下才能安定,王朝才得以稳固,如今陛下奢侈无度,嗜杀成性,弄得百姓都盼望夏朝早些灭亡,陛下已经失去了人心,只有赶快改正过错,才能挽回人心。"夏桀听了,忍无可忍,勃然大怒,下令将关龙逢杀死。

据史书记载，面对众多大臣的劝谏，夏桀曾有一句非常霸气的名言："我有天下，就像天有太阳一样。天上的太阳完了，我的国家才会灭亡。"而他的百姓听到这句名言后，指着天上的太阳说："太阳啊，你什么时候灭亡，我们愿意和你一起灭亡。"这便是成语"时日曷丧"的由来，可见此时夏桀早已众叛亲离，尽失民心。

于是，在人们的诅咒声中，夏桀和妹喜幸福恩爱地生活着。但是时间一长，新鲜劲一过，夏桀也有些审美疲劳了，觉得自己不应该这么平平庸庸地生活下去，应该干些正事了。

夏桀觉得自己作为天下的统治者，最大的成就应该是天下归心，手下听话。于是夏桀打算检验一下夏朝目前的威望，整顿整顿夏朝的秩序。看看有没有拿他这个"村长"不当干部的人。

于是他命令各诸侯在有仍氏国（今山东济宁）盟会。有仍氏也就是有缗氏，和大夏是亲戚关系，桀的祖先少康便是从有缗部落发迹的，少康的老妈便是有缗部落的公主。

此时的有缗氏是夏朝东部较大的诸侯国，一向不满夏桀的残暴统治。因此有缗氏在盟会中途愤然归国。由于大扫夏桀的面子，夏桀便征调了大批军队进攻有缗氏，经过激烈战斗，终将有缗氏击败。

关键时刻，有缗氏想到了救命之法，昔日有施氏曾献出妹喜换得了和平，我为何不能仿效？于是，有缗氏便献出国内两大美女——琬、琰，向夏桀求和。这招非常了得，可以称得上抓住了夏桀的七寸，好色的夏桀看到了这两位美女，

85

两眼放光,迫不及待地接受了这两名美女,并放过了有缗氏。

　　此后,夏桀只顾眼前的两位美女——琬、琰,竟冷落了昔日的恋人——妹喜,时间久了,妹喜自然不满,夏桀担心妹喜醋意伤人,便把她安置在了洛水一带。从来只有新人笑,有谁看到旧人哭?被冷落的妹喜怎能不心生怨恨?有时候,被逼急了的女人的能量是很大的,因此,任何时候,都不要小看了女人,否则就会付出惨重的代价。夏桀就是如此,他欠妹喜的,必将付出千倍万倍的代价。

　　夏桀费了九牛二虎之力平定了有缗氏,只是得到了两个美女,但是夏朝的主力部队也遭受了重大损失,夏朝的军事实力从此就弱了下去。有弱的就有强的,有一个臣服于夏朝的诸侯部落的军事实力就强了,它是东夷族的一支,这就是商族。

第十七节 商族的发展简史

商族是主要活动在黄河中下游的一个古老的部落。

而商族的发源地,说法多样,现多倾向于或东或北。它是与夏族东西并列,同时发展起来的,与夏族有同样悠久的历史。

商的始祖是契,他和大禹是同时代的人,曾受舜之命,协助大禹治理洪水,被舜封于商(今河南商丘一带)。

契也是贵族血统。"五帝"之一帝喾,就是契的老爸。帝喾的太爷爷便是黄帝。对中国历史,帝喾到底有什么贡献,记载不多,但他生下了四个有出息的儿子。

大老婆姜嫄,生一子,名弃,史称后稷,他的后代姬发(周武王)建立了周朝。二老婆简狄,生一子,名契,他就是商朝的祖先,他的十四代孙成汤建立商朝。三老婆庆都,生子放勋,即尧。四老婆常仪生子挚,挚是长子,受帝喾之禅而继位,九年后禅让给弟弟尧。

契是个牛人,不仅因为他是商族始祖,而且孕育他的过程也很牛。

契的老妈——简狄出自名门,是有娀部落(今山西永济西)首领的女儿。后来帝喾向有娀氏首领求婚,简狄便成了帝喾最宠爱的一个妃子。

87

两年后，简狄尚未有孕，回有娀部落女娲庙烧香求子，回归时路过玄丘，丘下有一个玄池。简狄一时兴起，便下玄池泡澡。正洗浴时，忽然一对燕子双双飞来，竟在池子里裸露的石头上下了一个鸟蛋。

这鸟蛋很特别，竟是一颗五色彩卵。简狄生性好奇，拿过卵细看，谁知一不小心，那五色燕卵竟被她咽下去了。吞下生鸟蛋，从今天的卫生角度来说，极有可能引起肠胃不适。简狄确实如此，而且肠胃反应特别强烈，因为她怀孕了。十月期满，契出生了。正如《诗经·商颂·玄鸟》中记载："天命玄鸟，降而生商。"

契不仅孕育过程很奇特，出生之法也很奇特，因为他是破胸而出的。这种生法挺恐怖，在当时，不知由哪方名医来动此手术，至少此手术的难度应该超过了当下流行的剖宫产。契，这个旷世奇人，中华历史几千年也没出几个。

在中国上古史书中，郊游引发的怀孕事件已有多起，有的是误食鸟蛋，有的是蛟龙附体，有的是踩到了巨人脚印。

此类故事反复出现，不仅是造神的需要，更说明在上古时期虽然已经由母系氏族过渡到父系氏族，但婚姻制度仍然混乱，在某些部落群婚制度依然存在。说得直白一点，就是这些上古明君不知道生父是谁，后世的记载者为了要弥补这个伦理上的遗憾，就杜撰了一系列子虚乌有的玄幻故事来。

商人后代的这种造神之说，不独是中华民族的习惯，恐怕也属世界性的造神通则。

玄鸟生商虽属于神话传说。但并非无稽之谈，最起码它告诉了我们以下两个史实：第一，商族曾经以鸟作为氏族的图腾。第二，商族是从有娀部落分出的一个宗族发展起来的。

契是一位杰出的军事首领，受封于商后，率族人开疆拓土，为商族之后立国打下基础。因此，后来商族人把他称作"玄王"，作为始祖，并编出了"天命玄鸟，降而生商，宅殷土茫茫"的颂歌来赞美他。

契去世后，由他的儿子昭明继续治理商族，昭明之后历经相土、昌若、曹圉、冥、王亥、王恒、上甲微、报丁、报乙、报丙、示壬、示癸十二位王传至商汤。

夏朝建立之后，商族是夏的直属。先商时期的十四位王一直苦心经营商部落，为商的崛起奠定了基础，尤其是相土、王亥和上甲微。

相土是契的孙子，在他当商部落首领时，正值夏王相失位时期，后羿夺得王位后贪图淫乐，对东方失去了控制，相土乘机迅速扩展了部落疆土，东逾泗水，在泰山之下建立东都，把势力伸张到黄河下游的广大地区，抵达渤海一带，进而影响沿海南北各地。故此《诗经·商颂》歌颂相土："相土烈烈，海外有截。"

而据《竹书纪年》记载："帝相十五年，商侯相土作乘马，遂迁于商丘。"可见相土时，商部落的畜牧业已相当发达，畜牧业的发达，为商人过渡到父系氏族社会并开始使用奴隶奠定了基础。相土作乘马，就是驯养马作为运载工具。畜牧业发达的部落，武力得以强盛。

夏朝中期，契的后代冥为商部落首领，夏朝命他为水官，继续负责农田水利。他曾被派去领导治河，最后死于治河工程中。故此，《国语·鲁语》载冥"勤其官而水死"。

冥的儿子是王亥，他不仅帮助父亲冥在治水中立了大功，而且还发明了牛车，开始驯牛，促使农牧业迅速发展，使商部落得以强大。

王亥在商丘服牛驯马发展生产，用牛车拉着货物，到其他部落去搞贸易，开创了华夏商业贸易的先河。久而久之，人们就把从事贸易活动的商部落人称为"商人"，把用于交换的物品叫"商品"，把商人从事的职业叫"商业"。中国历史上第一位以物易物，经商的"商人"源于商丘，始祖就是王亥。

难怪当今海内外商人或漂洋过海，或千里迢迢，纷纷来商丘祭祀商祖王亥，以求商祖保佑他们事业有成、发财致富。

可能是商部落农牧业发展过快，出现了牛、羊过剩的问题，公元前1810年，王亥和弟弟王恒一起从商丘出发，载着货物，赶着牛羊，长途跋涉到了河北的有易部落（今河北易水一带），做起了"跨国"生意。但这是一笔亏本的买卖，钱未赚到，却丢了性命。

当时，有易氏的部落首领叫作绵臣，这也是个不省事的主，有点黑社会气质，见财便眼红，竟起歹意，派兵围攻，杀害了王亥，赶走了王亥的随行人员，夺走了货和牛羊。王恒则兼程逃回商丘。

后世也曾流传另一说法，即王亥之死源于一桩桃色事件，他勾引有易部落酋长的女儿，而遭弟弟王恒嫉妒，并派刺客将他刺杀。而此后甲骨文文物出土，证实此桃色新闻只不过是虚构的八卦而已。

王亥的儿子便是上甲微，他得知父亲死讯，非常悲愤，

第十七节 商族的发展简史

本欲立即起兵为父报仇。但由于商族的实力还不能完胜有易部落，当时只能隐忍，未能立即出兵，便想方设法去获得临近的河伯部落的支持，以加大胜算。

河伯部落，位于黄河中下游的开阔地区，就是以后的封豨国、豕韦国、韦国。故址在今河南省安阳滑县境内，古代为黄河故道地。此时的商国与河伯国同处黄河下游，因此关系比较好，彼此合作比较多。

公元前1806年，上甲微率商族军队，在得到河伯部落军队的援助后，终于灭了有易氏，杀了绵臣，为父王王亥报了仇。此后，有易部落北逃回古易水区域，后改名鲜虞。春秋时被称为白狄，公元前506年则改名中山国。直至战国时期，于公元前296年，被赵国所灭。

上甲微一战成名，此后商部落势力也逐渐发展壮大。因为上甲微继承先祖契的事业，振兴了商族，所以死后受到商人的隆重祭祀。商朝名王武丁在位时，就曾经为上甲微举行了一场祭祀典礼，并且向他报告了当时的国家情况。

商族随着势力的强大，便逐渐产生问鼎之心，虽然表面上臣服于夏，暗中却在夏的周边发展势力。就这样，商丘，好似一棵嫩芽，钻出了地面。

到契第十四代孙汤时，经过近五百年的发展，商已成为东方地区一个强大的方国。所占地盘，北到现代的辽宁，东达现在的朝鲜，南及现在的河南。《国语·周语下》说："云王勤商，十有四世而兴。"

此时，商部落的地域和人口都发展到了很大的规模。但这个大规模是相对周围的小部落来说的，和已经衰落的夏王朝相比商依然是个地方的小部落。

但商部落是幸运的,与夏朝暴虐残忍的桀形成了对比,他们迎来了英明神武的汤,或许,这是上天有意如此安排。

雄心勃勃的汤心存一个梦想,并坚信可以实现,那就是消灭早已风雨飘摇的夏朝。

第十八节 不祭鬼神的后果

商汤，是契的十四代孙，他的真名叫子履，姓子名履，而常用名则是成汤，即成唐。甲骨文中，汤与唐是同音，所以通用。

商汤的名字有很多，古书中记载："汤有七名"，而其实远不止这么多。见于古籍记载的有：汤、成汤、武汤、商汤、天乙、天乙汤，武王。在甲骨文中称其唐、成、大乙、天乙、高祖乙。而天乙、大乙、高祖乙则是商汤的庙号，商族的后人祭祀汤时的专用名。

关于商汤，有一个通俗的小故事，后来还演变为一个成语。某天，可能是周末，商汤兴致好，率众郊游，到了一处茂盛的林子里，看到了一个捕猎者，正在忙着挂网，四面张开，用来捕捉飞鸟。待网挂好后，捕猎者一副神经兮兮的样子，口中念念有词，祷告说："求上天保佑，网已挂好，愿天上飞下来的，地下跑出来的，从四方来的鸟兽都进到我的网中来。"

汤听了，忽觉这是一个表演的好机会，稍加酝酿，便做出一副感慨状："只有夏桀才能如此网尽矣！要是如此张网，就会完全捉尽啊！这样做实在太残忍了。"说完，商汤就叫从人把张挂的网撤掉三面，只留下一面。然后他也跪下去对网祷告说:"天上飞的,地下走的,想往左跑的,就往左飞,想往右跑的,就往右飞,不听话的,就向网里钻吧。"

表演完毕,商汤对现场观众又发表了即兴演讲:"我们对待禽兽也要有仁德之心,不能捕尽捉绝,不听天命的,还是少数,我们要捕捉的就是那些不听天命的。"

至此,我们不难发现,商汤不仅是一位优秀的政治家,还是一位优秀的业余演员,借题发挥的本事确实不一般,而且非常重视宣传,可惜当时并无记者摄录当时场景,否则绝对是一部精彩的纪录片。

此后,商汤爱鸟爱兽的善行迅速传开,诸侯们听说这件事以后,便都成了商汤的"粉丝",不约而同肉麻兮兮地拍起商汤的马屁来:汤,真是一个有德之君啊!这就是流传到后世的"网开三面"的成语故事。

事实上,商汤所做的祷告词,用古汉语表达,似有更深内涵。文为:"欲左,左。欲右,右。不用命,乃入吾网!"其中后半句"不用命,乃入吾网"尤其威武,说得直白些,便是"不听我的,就进我的网中",这简直就是对天下人的命令、威胁和驱赶。不知是诸侯们水平太低,听不出弦外之音,还是故作糊涂,最大的可能,则是商汤成就代夏大业后的自我美化,要不然这种狠毒之语,怎能换得喝彩一片?

然而,就在诸侯们陶醉在对商汤的赞美中时,商汤已经趁热打铁,挥舞刀枪,开始了他的灭夏攻势。

首先商汤将首都商丘扩建,称为亳邑。商国从始祖契开始,到汤的时候已经将都城迁了八次。汤定居于亳,在这里积蓄粮草、招集人马、训练军队,为灭夏之战创造有利条件。本

第十八节 不祭鬼神的后果

来商就曾被夏王朝授予"得专征伐"的大权，也就是说，商国要征伐谁，可以不经夏王的批准，由此可见，商的实力之强，夏对商的信任度之深。但是，商汤此次野心很大，他准备征伐的并不是一般的诸侯，而是统治全国的夏王朝。

不过，虽然夏王朝此时已衰落，但夏与商，毕竟还属于中央与地方的关系。俗话说：瘦死的骆驼比马大，与夏王朝相比，商依然是个地方的小部落。要想吃掉这峰瘦骆驼，到底该从哪儿下口？一口咬下去，怎么才能咬得爽，而且让夏桀不知道痛？找准了突破口，既可以削弱夏王朝的势力，排除灭夏的障碍，又可以争取更多的诸侯反夏，可谓一石二鸟。可是，灭夏的突破口在哪儿？商汤把他的目光投向了他的邻居——葛国。

这是一个非常英明的决策。首先，葛国（今河南宁陵）不大，而且还很弱，这招就叫"捡软柿子捏"。其次，葛国是亳西面的一个方国，与商国紧邻，商国抬嘴就可以咬到，无须长征，这招便叫"兔子来吃窝边草"。此外，葛国的国君葛伯忠实于夏桀，是夏桀在东方地区诸侯国中的一个耳目。如果不把葛国消灭，商国的风吹草动都会报告给夏桀。这招可称作"防患于未然"，先下手为强。

但无论是谁，征伐哪一个国家，也必须要找个理由，何况是光辉的道德典范——商汤。伐葛，找个充分的理由是必须的，而且，很快就让商汤找到了。

不过，商汤找到的伐葛的理由听起来很搞笑。这个理由就是——葛伯太懒，很长时间不祭祀天地神鬼。还是别笑了，或许，在那时候，不尊重天地神鬼，是一件很大的事吧。

此后，这件很大的事让商汤知道了，很生气，认为问题很严重，就派了使者前去询问原因。其实,这属于狗拿耗子——多管闲事，因为，葛国是否祭祀天地神鬼，关你商国什么事？

不过，我们可不能忽视这一点，那就是商曾被夏王朝授予"得专征伐"的大权，通俗点说，相当于一个班级的班长，老师不在的时候，可以惩罚同学的。

好了，一场好戏即将开演。商汤扮演的角色是一位正气凛然的班长。葛伯呢，扮演的是一个调皮捣蛋的学生，而且还有一些"并发症"，那就是无赖兼傻瓜。

这不，见质问的商使来了，明知对方是挑衅，甚至带来了死亡的气息，而葛伯却显得顽皮而可爱，耍起无赖来："老大，我们不是不懂得祭祀的重要，只是每次祭祀都要用许多牛羊，我们现在没有牛羊，拿什么祭祀呢？"

商汤很慷慨，听了使者回报，就派人挑选了一群肥壮的牛羊给葛伯送去。葛伯见了这么多牛羊，开始犯糊涂了，就将牛羊全部杀来吃了，却仍然不祭祀。为了口福，竟然不惧亡命亡国，葛伯，你难道真的糊涂到了这地步？

商汤很大度，得知葛伯又没有祭祀，没有拍桌子扔板凳，而是耐心地再次派使者至葛，询问为什么不祭祀？葛伯则又开始耍起了赖，撒起了娇："我们的田中种不出粮食来，没有酒饭来做贡品，当然就举行不了祭祀。"

商汤不愧是位道德楷模，听了使者的汇报后，就立刻派亳地的人前往葛地去帮助种庄稼，同时还食宿自理，派商葛边境的人往葛地送去酒饭，给帮助耕种的亳人吃，送酒饭的人都是老弱和孩子。

第十八节 不祭鬼神的后果

此时，葛伯的糊涂病再次发作，也有可能是饿疯了，竟派人在葛地等候送酒饭的人，然后，将酒饭抢走，还威胁说，不给就要被杀死。有一次，一个孩子去送酒肉，因反抗抢劫，竟被葛伯的人杀死。为了一点饭菜，一个国君竟然会去杀人抢劫，这，这是否有点太夸张了？

于是，商汤见葛伯死心塌地与商为敌，自绝于人民，已不能再用处理人民内部矛盾的办法来争取，便率正义之师，一鼓作气，杀了葛伯，吞并了葛国。

葛国灭亡了，不祭鬼神的后果果然很严重。

此后，据说，亡国的葛国人民见汤杀了葛伯，很开心，都表示愿意归顺商。汤倒也无奈，只好勉强将葛的土地、人民、财物全部占有，并组织葛国人民从事农耕，发展生产，帮助他们迈向幸福之路。

至此，有一点需要说明，或许，无论葛伯如何表现，他的最终结局都是灭亡。

为了满足自己的利益，很多征服者总是千方百计找借口，即使借口多么荒诞。在弱肉强食的环境下，讲道理、讲正义是不够的，有实力才能生存。规则永远是强者制定的，历史永远是胜者书写的，所谓弱国无外交，也是这个道理。

商汤灭葛的行动，杀鸡儆猴，影响确实不小。

在诸侯中，对商汤灭葛一事，不但没有人反对，反而指责葛伯的不仁，被杀是咎由自取。这也正常，有谁会拍死人的马屁？

在拍商汤马屁的诸侯中，有存心不良者，盼望商汤前去征伐夏桀，以坐收渔翁之利。也有一些自愿归顺商汤者，商汤倒也不做谦让，对归顺的诸侯、方国都分别授以玉珠、玉串和玉圭装饰冕冠。

显然，此时的商汤，见粉丝众多，便已飘飘然，把自己居于一个诸侯盟主的地位，开始行使国王的权力。

商汤伐葛成功了，这是一件喜事，但又是一件祸事，正如老子所言，"祸兮福之所倚，福兮祸之所伏"。

因为，这次战争暴露了商汤的野心，引起了夏桀的注意。

但商汤是幸运的，上天决定帮助他，因为在最关键的时刻，他遇见了一个"魔法师"。

这个"魔法师"不是来自魔法学校，而是来自一个烹饪学校，但他很神奇，因为，他，可以把商族这匹马变为一只雄狮，他的名字叫作伊尹。

第十九节 奴隶转身变宰相

伊尹堪称是中国历史上空前绝后的政治牛人，因为他先后辅佐了商初五位君主。

伊尹，原名伊挚，又称阿衡。因为他出生在伊水边，所以姓伊。"尹"不是名字，而是官名，是"右相"的意思。阿衡也不是伊尹的本名，也是官名，因为商代称当权的大官为阿衡。

出土的甲骨卜辞中则称他为伊，金文则称为伊小臣。在甲骨文中，"小臣"的身份是奴隶，但又区别于一般的奴隶，是管理奴隶的小头目。

大凡伟人，他的出生经历都很神奇。刘邦出生时，天地为之昏暗。曹丕出生时，有青色的云气在产房上空凝结。赵匡胤、朱元璋出生时，皆室内红光冲天。而伊尹的出生更神奇。

伊尹的出身低微，双亲都是奴隶。父亲是个家用奴隶厨师，既能屠宰又善烹调。母亲是一个采桑养蚕的奴隶，有莘国人（姓姒，是夏禹后裔建立的一个诸侯国，今山东曹县西北），居住在伊水流域。母亲是个爱做梦的女人，怀有身孕后，竟做了一个奇怪的梦，梦见一位白胡子老爷爷对她说："你最近将有灾难，如果臼（舂米的器具）里出水就向东跑，不要回头看。"既然是梦，本可不必在意。可未曾想，此后竟梦幻成真。

一天,她采完桑叶后,正在臼米,臼里竟真的冒出了汩汩泉水,这个善良的采桑女赶紧通知四邻,但却无人相信,包括她的丈夫在内。当她向东逃奔20里后,终究忍不住好奇,回头一看,只见滚滚洪水正将他们的村庄吞没。可她却来不及悲伤,便已化身为一棵中空的桑树,因为她违背了神的不可回头的谕旨。

幸好,腹内的婴儿仍活着,正躺在母亲身体化作的桑树洞内。几天后,婴儿的啼哭声,惊动了另一位采桑的女奴,便把他抱出,交给了有莘氏的国君。国君见这孩子来历有趣,便收留了他,命宫廷中的厨师哺育这个婴儿。

于是,刚出生的伊尹,便成了孤儿。在成长的过程中,他究竟经历了多少艰辛的历程,历史记载不多。只说他自幼聪明颖慧,勤学上进,身处田野或厨房,但却喜欢研究尧舜治国之道,这难免有不务正业之嫌,也难免会有许多人不理解。没人知道,这个无父无母的小奴隶心中的梦想有多大。有梦的人,往往是最孤独的。

长大后,伊尹成了个多面手,既掌握了高超的烹调技术,又深懂治国之道,称得上是一位自学成才的典型。

之后,伊尹得到了人生第一份工作,那便是厨师,毕竟他的亲父、养父都是厨师,而他也是厨艺高超者。是金子总会发光的,伊尹的厨艺很快便得到了大家的赞誉。于是,伊尹有了新任务,专门负责有莘国君的一日三餐,成了御用厨师。不久,有莘国君又升他为管理膳食的小头目。

渐渐地,有莘国君与伊尹的日常交谈中,发现伊尹不仅菜烧得好,而且对三皇五帝和大禹等英明君王的施政之道也

第十九节 奴隶转身变宰相

很有研究,觉得人才不能浪费,于是,派伊尹去给自己儿子做家庭教师。

伊尹由厨师转为宫廷家庭教师,地位似乎有所提高,也更受有莘国君的信任。然而,伊尹,这位政治天才,自然不甘一辈子当一名家庭老师,他的眼光很敏锐,早已看出夏朝必然衰落的趋势,就不时地提醒有莘氏可以趁夏朝衰落壮大自己,进而取代夏。

但有莘国君认为自己和夏王朝同宗(夏启封次子于有莘),不能同姓相残,因此拒绝了伊尹。其实,顾及同姓只是托词,实力太弱才是主因。有莘国只是个小国,有莘国君也并无灭夏的信心与魄力。伊尹无奈,只好静下心来,继续做他的家庭教师,但那颗躁动的心,那份蓬勃的志,怎能平静下来呢?

俗话说,良鸟择木而栖,良臣择主而侍。有莘国君只是一位守成之君,缺乏远大抱负,有莘国显然不是伊尹梦想的栖息之地。伊尹只好一边努力工作展现才干,一边默默地等待机会。下班后的伊尹,总喜欢坐在草地上,默默地看着远方,似乎在思考着什么。是的,最近他有了关注的对象,这个对象就是商汤。

此时,商部落一片繁荣景象,农业发达,畜牧兴旺。而网开三面的广告效果更是绝佳,首领商汤迅速蹿红,成为新兴的政治明星。诸侯们认为商汤的仁德惠及禽兽,何况对人,于是纷纷向商汤靠拢。而一些有识之士更是把商汤作为可佐明君、升级阶梯,伊尹便是其中一位。

此时的商汤团队,堪称人才济济,以名相仲虺最为得力。仲虺,祖先叫奚仲,是大禹时候的车正,也就是管理制造车子的长官。仲虺是奚仲的第十二世孙,他 24 岁继位,是继奚仲之后又一位杰出的薛国国君。在仲虺的带领下,薛国成为一个经济较为发达、实力较为强大的诸侯国。而此时的夏王朝,已是江河日下、众叛亲离。仲虺高瞻远瞩,欣然加入商汤灭夏的行列中,以求成就一番伟业。而商汤见仲虺是有用的人才,自然重用,就任命仲虺为左相,参与国政。俗话说,人多力量大,公司扩大规模,所需人才当然是越多越好,商汤也深感人才的不足,自然求贤若渴。

　　商汤的贤名传到了伊尹的耳朵,给他带来了希望。可是伊尹的身份是个奴隶,并无行动的自由,他无法走出有莘国,即使偷跑出去,也会被抓回来,轻则处罚,重则处死。恰好,商汤要娶有莘国的公主为妃,这对于伊尹来说,是一个天赐的好机会。于是,伊尹主动向有莘国君请求,加入了陪嫁奴隶队伍,终于得到了接近商汤的机会。

　　伊尹到了商部落,继续他的老本行——厨师,专门做菜给商汤吃。历史上的伊尹是位烹饪大家,他创立的"五味调和说"与"火候论",至今仍是中国烹饪的不变之规。如今,在中国和新加坡等地中国烹饪的同行也都奉伊尹为中国的"厨圣""烹调之圣"。

　　影视剧中常有一个老掉牙的桥段,妈妈语重心长地对刚出嫁的女儿嘱咐道:"孩子,要学着做几个拿手菜,要想管住男人的心,首先管住男人的胃……"其实这句话对伊尹来说,也很合适。伊尹便是先管住了商汤的胃,进而管住了商汤的心。

　　美味谁都喜欢,商汤也特别喜欢吃伊尹烧的菜。有一天,商汤禁不住把伊尹叫来问道:"你的菜做得很好吃,有什么诀窍？""主菜、配料、调味、刀工和火候都要恰到好处而已，这跟大王治国理民一样，万事适可而止，不过做菜当然比治国理民容易得多。"伊尹趁此机会，开始自由发挥，仍然从自己的厨艺的老本行说起，除了五味蕴和的烹饪理念，伊尹明确指出，想品尝到人间菜肴百味，必须有充足的物质作为保障。只有坐拥天下，延及四海，才能得到各种食材。像商这样一个小国，根本无法满足各种材料的筹备。

这是一个看似鲁莽的试探，但当伊尹看到商汤眼中闪烁的光芒，便知道自己已接近成功了。于是，他继续说："一代人君，应该审时度势，趁机而为。要成为天子，不能单纯依靠武力和强势手段，而是要敬业修德，施行仁政，才能赢得天下人士的拥护。"

此次会谈，对于商汤和伊尹来说，都是非常重要的。两人一拍即合，伊尹被任命为右相，实现了从奴隶到宰相的华丽转身，而商国，自此开始进入了真正的转型期。

以上关于伊尹事迹的记载，主要来自《史记》和《吕氏春秋》，而《墨子》一书中则另有说法。

在墨子和楚惠王谈话时说到的伊尹和其他传说中的伊尹，或许更可信一些。

这些记载是如此叙说的，伊尹是一位学识渊博、品性极高的士人，在夏朝时便声名远扬。夏桀请他，他避之不及，隐居山林，在有莘国做一名耕田种地的农夫。求贤若渴的商汤早已仰慕伊尹大名，便三番五次以玉、帛、马、皮为礼前往有莘国去聘请他。由于有莘君主并不答应商汤聘任伊尹，商汤只好娶有莘君主的女儿为妃。于是，伊尹便以陪嫁奴隶的身份来到商汤的身边。

　　商汤见伊尹的诚意可与刘备三顾茅庐媲美。据说，商汤去见伊尹，叫彭氏的儿子给自己驾车。彭氏之子半路上问商汤说："您要到哪儿去呢？"商汤答道："我将去见伊尹。"彭氏之子说："伊尹，只不过是一个曾做过奴隶的人。如果您一定要见他，只要下令召见他，这在他已蒙受恩遇了！"商汤说："这不是你所知道的。如果现在这里有一种药，吃了它，耳朵会更加灵敏，眼睛会更加明亮，那么我一定会喜欢而努力吃药。现在伊尹对于我国，就好像良医好药，而你却不想让我见伊尹，你这是不想让我好啊！"于是叫彭氏的儿子下去，不让他驾车了。

　　由此推断，早在商汤启用伊尹之前，人家就是栋梁之材、天下名士了。这样，历史才稍显合理一些。因为，在商汤任用了伊尹之后，灭夏的一系列战略计划，是伊尹帮助完成的。商朝建立之后一系列国家大策，也都是伊尹帮助修订的。

　　不管伊尹的出身真相到底如何，但结局都是一样的，那就是伊尹走马上任了，成了商汤的右相，与仲虺一道，成了商汤的左膀右臂。伊尹刚上任，就提出了灭夏的计划，也许这个计划已经在他的心里揣摩已久：夏朝势力日渐衰落，但是政治根基依然牢固，要想灭掉夏朝，把商王朝的大厦建立起来，必须分三步走。

　　大夏，终于等来了他的掘墓人。

第二十节 缚虎容易纵虎难

商汤得到了伊尹的辅佐，堪称是如虎添翼。

伊尹所提出的三步走，具体内容如下。

第一步，刺探夏朝虚实，结交内应，以便在关键时刻做到釜底抽薪。

第二步，对外征伐支持夏桀的诸侯，各个击破，剪除夏朝羽翼。

第三步，联合反桀的诸侯，与夏桀决战。

今天看来，伊尹的想法并不复杂。然而当局者迷，旁观者清。当局者，尤其是当政的当局者，能够敢想，并能做到理智地去想，进而做出切实可行的决断，实属不易。

为了实现第一步，伊尹向商汤毛遂自荐，由他亲自前去夏都斟寻，并住上一段时间，刺探夏朝情报。

商汤应允了，并准备了一些土特产、贡品，派伊尹为使臣前去斟寻朝贡。伊尹带着随从，驾着马车，驮着贡品来到斟寻。此后，伊尹便以随时为夏桀提供参谋服务为名，留在了斟寻。

伊尹此行，并非普通的出差，而是充当一个间谍的角色，这是一个随时可能掉脑袋的任务。伊尹拎着自己的脑袋，在夏都把卧底的任务坚持了三年，把夏朝内外虚实探了个一清二楚。

知己知彼，才能做到百战不殆，这是约1300年后兵圣孙武归纳出的一则兵法。

而伊尹此行最大的成果，便是取得了妹喜的宠信。据说，伊尹成了妹喜的情人。能够勾搭上绝世妖姬妹喜，绝对不是一件容易的事，可以推测，伊尹一定是一位才貌双全、善解风情的风流帅哥。

此时的妹喜，被冷落在洛河流域，偶尔才得夏桀前来相会，难免满腔幽怨，孤灯冷月之下，中了伊尹的美男计，也在情理之中。

女人吃起醋来爆发的破坏力是惊人的，爱与恨交织，促使她心甘情愿地充当伊尹的内应，把夏王朝内部的许多绝密情报都告诉了伊尹。这也是夏桀咎由自取，薄情寡义，他不仅失去了美人的心，将来，更会失去大夏近五百年的江山。

时间过得很快，一转眼便是三年，然而这对于一个卧底而言，无疑是难熬的。

一天，妹喜告诉伊尹："夏桀做了一个梦，梦见天上两日并出，相互搏击，一日胜，一日不胜。"伊尹听了，深感不妙，此梦至少传递出两个信息，第一，夏桀对商国的戒备之心与日俱增。第二，夏桀已有灭商之心，只不过信心不足，犹豫不决。

伊尹认为，此时已至关键时刻，灭夏行动已箭在弦上，必须先发制人。于是，伊尹找了个理由，迅速回到商都，与商汤共商灭夏大计。

此时，大夏的虚实已在伊尹胸中，灭夏之计第一步已经

第二十节 缚虎容易纵虎难

完成,接下来便要实行第二步,剪除夏桀羽翼了。

自夏桀攻有缗氏以后,虽获得了两位美女,但精锐之师尽失,而且与诸侯间的矛盾更加激化。不过,在夏王朝的诸侯、方国中,虽然叛离者不少,但拥护夏王朝的也不少,忠实于夏桀的诸侯依然存在。

在东部地区就有三个属国是忠于夏桀的:一个是彭姓的韦(今河南滑县东),一个是己姓的顾(今山东鄄城东北),一个也是己姓的昆吾(今河南境内)。

这三个夏属国的势力都不小,他们所处的地区又与商较近。商汤灭葛以后,又征服了一些不归顺商的诸侯、方国,所谓"十一征而天下无敌"。商汤对此三国软硬兼施,极尽拉拢。但这三个方国执意以商为敌,他们监视着商汤的活动,还经常向夏桀报告。执迷不悟?还是忠贞不贰?立场不同,答案自然有别。

若要灭夏,必须要先除掉这三个夏桀的羽翼。商汤、伊尹、仲虺三人团队,精心制订了作战计划,决心先拿实力较弱的韦国开刀。然而,就在准备进攻韦时,一件意想不到的事发生了。

这是件让人非常头痛的事情,大夏派使臣来到了商国,不是观光旅游、打秋风,而是召汤入朝,说有要事相商。

去,还是不去?去,只怕凶多吉少,夏桀之心,几乎路人皆知。不去,属于抗旨不遵,等于彻底与大夏决裂。选择后者,可以保命,但将使灭夏大业变得更加复杂,甚至遥遥无期。

因为,此时商的实力还远不是夏的对手,与夏最后摊牌的时机还未成熟。商汤如果不遵夏命，夏桀便找到征伐的理由，联合诸侯伐商，或许有缗氏的下场，便是商国的前车之鉴。

权衡利弊，商汤毅然选择了前者，乖乖地带领随从来到夏都斟寻。大丈夫能屈能伸，明知山有虎，偏向虎山行。羊入虎口，要想逃生，靠的便是超人的胆略、冷静与智谋，这样方可随机应变。

夏桀此次召见商汤，确实不怀好意。原来商汤的异动早已引起了夏桀的注意。当他得知商汤还在继续征伐诸侯，扩大商的势力时，勃然大怒，立命商汤前来朝拜。

夏桀得知汤已来到，就立刻下令将汤囚禁在夏台。夏台，又称钧台，位于今河南禹州，是夏王朝时期著名监狱，也是大夏立国之地，大夏开国君主姒启在袭位以后，便在钧台举行大型宴会，召集各路诸侯或部落首领，表示自己正式继承王位。

在夏台，商汤，这位昔日的国王变成了一个囚犯。然而，对心怀不轨的商汤，一向以残暴著称的夏桀却并未痛下杀手，而是最终将他释放，这确实让人百思不得其解。

或许，这可归功于商汤优秀的表演才能。早在领衔主演网开三面宣传片时，商汤便已展示了其高超的演技，不仅如此，相信他一定是位擅长演说的辩才，不然，之后夏桀绝不会放虎归山。当然，仅靠忽悠是远远不够的，真金白银才更是实实在在的硬通货。

伊尹和仲虺得知夏桀将商汤囚禁起来以后，就搜集了许多珍宝、玩器和美女献给夏桀，请求释放汤。夏桀见商送来的许多珍宝、玩器和美女，自然高兴，便顺坡下驴，下令将商汤释放回商。

这个决定,注定成为夏桀一生的痛。在著名的"鸣条之战"后,夏桀被商汤俘虏时,他怒瞪着商汤骂道:"我真后悔,想当年在夏台,我没有杀了你!养虎为患,养大了你这个乱臣贼子!"

然而,历史不容假设,世上没有卖后悔药的地方。但我们应该从前人的经历中吸取历史教训,避免重蹈覆辙。鉴往知来,这便是历史的真谛与魅力。

不善于从前人历史中获取教训者,其付出的代价是惨痛的。约1300年后,吴王夫差,放走了死敌越王勾践,最终导致身死国灭。约1600年后,楚霸王项羽犯了与夏桀同样的错误,在鸿门宴放走了刘邦,痛失到手四年的江山,成就了刘邦的一番帝业。

或许,以上三组对抗赛的具体情形都比较复杂,其中原因,应该并非史书及演义所述那么简单。夫差释放勾践,更多考虑的是越人桀骜不驯,难以管理,便想让勾践做个吴国的傀儡,做个一本万利的买卖。项羽不杀刘邦,是考虑到刘邦身后的十万大军,以及正在观望的十几家诸侯,杀了刘邦,必然树敌,因为冷了大家的心。

而夏桀囚禁商汤,后又释放,自然也有他的考虑。商部落实力已经强大,杀了其国君,等于多了一个劲敌。在此多事之秋,夏桀实在不愿再次兴师。与其如此,倒不如恩威并施,攻心为上。

但夏桀、夫差、项羽这三位失败者都有一个致命的弱点,那便是信心不足,魄力不够,优柔寡断。优柔寡断,必将付出代价。懦弱，不是谨慎的同义词，因为，谨慎是一种深思熟虑的勇气。当断不断，必有后患。这是一句至理名言。

缚虎容易纵虎难，可惜他们都不懂。

夏桀囚汤，若在大夏盛时，倒也是个良策，可有一石二鸟之效，既可震慑商族，又可杀鸡儆猴，施压于二心诸侯。

然而，大夏今已不同往昔，墙倒众人推，鼓破万人捶，夏桀此举之效适得其反，在诸侯、方国中引起了更大的恐慌与怨恨，纷纷投奔商国，愿助汤灭夏。

某一天，竟同时有五百个诸侯到汤那里去任职。这不仅是夏桀没能想到的，即使是商汤，也不可能会想到。"远者怀之，近者来之"，商汤的魅力竟如此之大，幸福竟来得如此突然！

其实，祸福相依，从来都是如此。

此时，革命形势蓬勃发展，可谓是春暖花开之时。机不可失，时不再来。那么，商汤下一步该采取什么行动呢？

第二十一节 都是避雨惹的祸

自夏台出狱回商以后，作为一名刑满释放人员，商汤却仿佛是一位荣归故里的成功人士，一时风光无限，成了万人迷。

叛夏归商的人愈来愈多，商记公司规模越来越大。商汤一看形势大好，就趁热打铁，和伊尹、仲虺商议征伐韦国和顾国的事。

经过一番谋划和准备之后，汤和伊尹就率领了商军和各家诸侯的联合军队，先对韦国发动了进攻。

韦国又称豕韦国，也就是当年的河伯国。算起来，韦国对商族有恩。公元前1806年，商汤的六世祖上甲微，就是借助了河伯之师，才灭了有易氏，杀了有易王绵臣，为父王王亥报了仇。

而此时的韦国，却一条道走到黑，誓死不负夏桀，商汤也只能痛下杀手了。征伐韦国的表面理由，商汤懒得去设计，无非是诸如韦国国君欺压百姓，荒淫享乐，无恶不作等。欲加之罪，何患无辞。

往对手身上大泼粪水，这是古今中外很多政治家喜欢用的有效的宣传手段。

商汤率大兵压境，韦国连求援都来不及，很快就被商军灭亡。韦国被灭，汤接着又挥师东进，兵锋直逼顾国。顾国在今河南省范县东南,是夏的重要同盟国,为颛顼(黄帝之孙)的后代所建。

韦国被灭,顾国势单力薄,怎能抵挡住士气正旺的商族联军?根本来不及组织抵抗,顾国便告灭亡。商军浩浩荡荡,举行了入城仪式。可以想象,那一定是一幅老百姓敲锣打鼓、箪食壶浆喜迎商族军队进城的喜庆场面。

韦、顾两国既灭,商汤下一个征伐目标便是昆吾国了。昆吾国地处韦国、顾国北邻,和顾国是同姓国,都是颛顼的后裔所建,封地立国于今山西运城一带,后迁至河南许昌,国君被称为"夏伯"。

与韦、顾相比,昆吾国实力强大,为北方霸主,许多小国都听命于他。夏伯见韦、顾两国被商汤所灭,立即整顿昆吾之军准备与商相战。

两战告捷,商汤难耐心中激动,本想一鼓作气,率军去灭昆吾,然后征东夷,进而灭了夏桀。

而伊尹却异常冷静,当头泼了商汤一盆冷水:"昆吾易灭,但后面形势将难以预测。此后,我们将要面对的敌人将是整个东夷和大夏。自姒杼征服九夷之后,东夷历来是大夏的铁杆盟友。此时,东夷正在观望,如果我们前去征伐昆吾,进逼九夷,正好把他们推向我们的对立面,东夷九族之力再加上夏桀的夏军,我们获胜的机会几乎为零。"

被胜利冲昏头脑,往往会造成功亏一篑。商汤听了伊尹的分析,不禁倒吸了一口凉气。

伊尹继续为商汤分析:"当下之计,不如暂停征伐昆吾,先试探一下九夷对夏桀的忠诚度,便可测出夏桀的实力,同

第二十一节 都是避雨惹的祸

时还可以分化东夷与夏桀的关系。而试探的最佳方法便是停止对夏桀贡纳，以激怒夏桀。"

伊尹此举，酷似《黔之驴》这则寓言中的那只老虎，而夏桀就是那只色厉内荏的蠢驴了。

伊尹之言，句句在理，不由得商汤不信服。商汤便暂收勃勃雄心，采纳伊尹的建议，停止朝贡夏朝，以此激怒夏桀，试其实力。

夏桀果真勃然大怒，商灭韦顾，虽然打着代大夏征伐的旗号，理由冠冕堂皇，但早令夏桀不爽，如今竟然胆敢不纳贡，这口气夏桀怎能咽得下去？便起"九夷之师"准备进攻商汤。

伊尹看到九夷之师还听夏桀的指挥，知道灭夏时机尚未成熟，就忙劝商汤暂时恢复对夏王朝的贡纳，臣服供职，以待机而动。

夏桀见商汤屈服，虚荣心已经满足，也图个安逸，便下令九夷罢兵。但他却不知，此举已深深伤了东夷的心，招之即来，挥之即去，这是谁也不愿意享受的待遇。

大约在公元前1601年，也就是约一年后，伊尹突发奇兵，一战而大败昆吾军，再战而杀夏伯灭昆吾，将昆吾的土地、人民并入商部。这还不算，商汤再次停止对夏王的贡纳，再探夏桀虚实。

夏桀见商国旧病复发，便重开老药方，命九夷配合夏军起兵，但令下后，"九夷之师不起"。此时的东夷部落已不再愿意充当应召女郎的角色。

可惜，夏桀没有机会看到狼来了的故事，也不知道在大约830年后，周幽王姬宫湦和他犯了类似的错误，烽火戏诸侯，最终导致国灭身亡。自此，夏桀在政治和军事上完全陷入了孤立无援的困境。

灭夏的时机已经成熟，机不可失，失不再来，伊尹做出了准确的判断，便协助商汤立即伐夏。

公元前1600年，商汤在景亳誓师，宣告夏桀的罪行。商汤正式兴兵伐夏。商汤和仲虺、伊尹率领由七十辆战车和五千步卒组成的敢死队西进讨伐夏桀。

战争打响之前，商汤做了有名的战前动员，演讲稿后来被摘录在《尚书》里，叫《汤誓》，今翻译如下。

王说："来吧，你们各位！都听我说。不是我小子敢于贸然发难！实在是因为夏王犯了许多罪行，上天命令我去讨伐他。"

"现在你们大家会问：'我们的国君不体贴我们，让我们放下手中的农活，却去征讨夏王？'这样的言论我早已听说过，但是夏桀有罪，我敬畏天帝，不敢不去征讨。"

"现在你们要问：'夏桀的罪行到底是什么呢？'夏桀耗尽了民力，剥削夏国人民。民众大多怠慢不恭，不予合作，并说'这个太阳什么时候才能消失？我们宁可和你一起灭亡。'夏桀的德行败坏到这种程度，现在我一定要去讨伐他。"

"你们只要辅佐我，行使上天对夏桀的惩罚，我将大大地赏赐你们！你们不要不相信，我决不会不守信用。如果你们不听从我的誓言，我就让你们去当奴隶，以示惩罚，没有谁会得到赦免。"

商汤绝对算得上是出色的演说家，这份演讲稿自问自答，充满了慷慨激昂的情感，这最容易激起听众的共鸣。而那句"时

第二十一节 都是避雨惹的祸

日曷丧,予及汝皆亡"则更有巨大的穿透力,可以算得上是个千古名句。

商汤的演说技巧也很值得我们学习:先摆出一副谦和的姿态赢得印象分;然后直截了当地提出最过硬的理由,表明目的;接着又以自问自答的方式消除听众的顾虑,进一步说服和打动听众;最后表明自己决心已定,义无反顾,并以严词威胁加上利诱民众服从于他。在印象、心理、权威等诸方面,商汤都得了高分。

商汤的这篇檄文,成了模板,此后每一次王朝更替,新王朝都会以"奉天讨伐"作为演讲的开场白。

誓师后,商汤率兵采取迂回包抄战略,绕道夏都以西发动突袭。这多亏了妹喜,是她泄露了夏桀的军事秘密,让伊尹进攻夏朝最薄弱处的防守。

夏军仓促应战,先与商军战于蒲州(今山西省运城)一带,后退守鸣条(今河南封丘附近)。商汤与伊尹率领商部落士兵不容夏桀喘息,如猎犬般尾随而至,历史上著名的鸣条决战就此展开。

双方军队进行了一场恶战,正战得难解难分之时,老天也来助兴,降起大雨,而此时的夏桀正在一个小山坡上观战,躲也没法躲,藏也没法藏,便在随从簇拥下一阵小跑,下山避雨。原本夏军连败,便已信心不足,忽见山上大乱,国王一伙正向山下疾奔,便以为是夏桀打算逃跑,于是便纷纷后退。

商汤军队乘势掩杀,夏军兵败如山倒,夏桀带领五百残兵向东逃窜,先逃到了三朡(今山东定陶北),后又渡江向南逃窜,但最终被俘,流放于在南巢(今安徽巢县西南)的

115

亭山。

古代所谓的"放",也就是将被俘者安置在某地,派人看管起来,在一定范围内有一定的自由,待遇与今天的某些野生动物园中的动物类似。由国王变成野生动物,落差确实不小。此时的夏桀真是肠子都悔青了,唉,天亡大夏,都是避雨惹的祸!

据说,在商朝建立后的第三年,夏桀就忧愤病死在巢县亭山。也有另外一种说法,夏桀是因不会劳作,无粮可食而被饿死的。其实,他如何死去已经不重要了,因为舞台已经更换了主角。

不过有一点却很值得一提,也很奇怪,因为和他一同赴死的竟然还有妺喜,而且只有妺喜。

有很多人倒是希望伊尹能和妺喜修成正果,然而结局确实出人意料。也许对于妺喜的感情,伊尹本来就不是出自真心,只是利用而已。而妺喜作为亡国之后,在时人看来,是个不吉利的女人,伊尹也不便收留,因为这会影响他的锦绣前程。

当然,也有可能在最后兵败时刻,夏桀想到了妺喜,派人接回妺喜,而这更让妺喜感到内疚,让她想到了夏桀曾经对她的好,想到了她曾和夏桀一起度过的幸福时光。

总之,妺喜,这位历史上第一位亡国之后,能和丈夫夏桀一同赴死,其心仍是可嘉。可惜,历史是无情的,为了显示商族灭夏是正义之举,死后的妺喜,被她曾经的情人——伊尹打上了"女人祸国"的烙印。伊尹是无情的。

大夏灭亡了,而灭夏之战的首功当属伊尹,在中国军事发展史上,伊尹贡献巨大。

首先,他将人心向背的政治因素用于指导战争。故此,伊尹建议商汤以薄赋来争取民心,并联合诸侯,建立广泛的统一战线。

其次,他力荐"上智为间"的谋略。间谍情报战,在现代战争中已不新鲜,但在中国古代早期战争或者说在伊尹之前则是未曾有过的。伊尹赴夏不仅刺探情报,还联络夏臣和当时已失宠于夏桀的妹喜,从而扩大敌人内部的矛盾,以削弱其实力,为后来灭夏战争的胜利打下了基础。

再次,他善于根据敌我力量变化选择有利战机。根据形势的变化决定行止进退,是谋事成事的关键。对于战争而言,能否正确认识、判断形势并选择有利战机显得尤为重要。

鸣条之战后,为了彻底消灭夏王朝的残余势力,商汤和伊尹又率军西进,很快就占领了夏都斟寻。在斟寻,商汤举行了祭天的仪式,向夏朝的臣民们表示,他们是按上天的意志来诛伐有罪的夏桀,夏王朝的"历数"已终,从而正式地宣告了夏王朝的灭亡。

自公元前 2070 大禹传位于儿子姒启始,到前 1600 年夏桀失国终,大夏,共传 14 代,共 17 帝王,延续约 471 年。

商汤和伊尹在夏都告祭天地以后就率军回到了亳。此时,商汤的声威已达四方,各地的诸侯、方伯以及大大小小的氏族、部落的酋长们部纷纷携带土特产、贡品到亳祝贺,表示臣服于商汤。

数月之间,就有"三千诸侯"大会于亳(《逸周书·殷祝》)。在这"三千诸侯"的拥护下,商汤召开了"景亳之命"大会,告祭于天,当了天子,宣告了商王朝的建立。

经过近二十年的征伐战争，商汤最后灭了夏王朝，统一了自夏朝末年以来纷乱的中原，控制了黄河中下游地区，其势力所及，远远超过了夏王朝，就连远居西方地区的氐人和羌人部落也都前来朝见。

后世认为，商汤以武力灭夏，意义非凡，因为他打破国王永定的说法，从此中国历代王朝皆如此更迭，因而史称"商汤革命"，即中国政治史上的第一次改革。而商汤领导的这次推翻夏王朝的革命，更被历代学者赞颂，认为这不仅属于天命所归，更符合人民的愿望。

其实，还是那句话，历史总是胜利者书写的。试想，后羿和寒浞都曾取代天子，只是因为个人能力不够，没有将王位传于子孙，这为什么不算革命？

至于商汤推翻夏王朝是顺应民意这个说法，更让人觉得可笑。何为民意？老百姓的意愿。在3000多年前，所谓的民意，难道真是平民和奴隶自己的意愿？

事实上，从大禹建立大夏王朝开始，华夏便已坠入了一个黑暗的深渊。历朝历代，所谓的民意，只是贵族化的东西，所谓的多数人的声音未必就是最真实的声音。

建立商朝后，商汤在位13年病死，庙号商太祖，因其长子太丁早逝，由次子外丙继位。

商汤死了，然而，他的右相——伊尹的故事还未结束，对于新生的商朝的巩固与发展，他还有很多事情要做。

第二十二节 国王被关了禁闭

成汤死了。他当了十七年诸侯，又做了十三年的帝王。

死后的江山，留给了儿子。他有三个儿子：老大太丁，老二外丙，老三仲壬。按传统，商汤应把江山传给长子，但白发人送黑发人，太丁已经先他而死。于是，商汤决定把江山交给他的二儿子外丙，虽然在太丁死时已经有了一个儿子——太甲。

在当时，这算是一个明智的决定：因为商朝刚刚建立，局势复杂，太甲不过十来岁，让一个娃娃上台不仅压不住阵，还很有可能就成了别人的傀儡。

于是，"兄终弟及"作为一种传位的制度，在商代前期得以流行。与其相对应的传位制度则是更流行的"父死子替"。两者相比，兄弟相继的方式缺乏硬性的约束力，有很大的先天不足。因为兄弟之亲本不如父子，而兄之尊又不如父，因此兄弟之间不免有争位之事。

因此，此制度往往是历代宫廷动乱的根源。只有根据"嫡、长"这些先赋的条件，把皇位继承资格最大限度地限制在一个人身上，才能确立起比较明确的、可操作性的标准，才可以杜绝其他皇子的非分之想，较好地避免诸子争立、骨肉相残的局面。

外丙，姓子名胜，外丙只是他的谥号。即帝位后，他一切仍遵循老爸商汤的旧制，"以宽治民""以法摄众"，恩威并用。在朝政上，继续重用伊尹，并给了伊尹一个前所未有的职位——卿士。

不过外丙也算是一个苦命人，在帝王的位子上只坐了三年，便病死了。按照皇家游戏规则，三弟仲壬接了班。仲壬名子庸，在位期间，商代发展稳定，可惜也是个短命的君主，在位也仅仅四年，便一命呜呼了。

商汤的家族，可能缺少长寿基因，他的几个儿子一个比一个命短。大儿子比他爹死得还早，外丙和仲壬这两位兄弟在帝王的位子上，都是屁股还没坐热就死了。这给刚建立的商朝带来了一定的危机。不过，不用担心，伊尹还在。伊尹现在的责任就是挑国王。商汤的儿子死光了，那么就该他孙子上位了。于是，在伊尹的主持下，商汤的长孙太甲登上了帝位，称太甲帝。

按理说，太甲最应感谢的人应该是伊尹，因为力拥他上位的人正是伊尹，毕竟帝位的候选人还有很多，比如外丙和仲壬的儿子——太甲的堂兄堂弟们。

但是，让人意想不到的是，太甲和伊尹之间却闹起了矛盾，而且闹得还挺大，大到了差点不可调和。

太甲继位时，正值二十出头，正是血气方刚、意气风发的年龄。可以想象，在这个青年心中，一定对未来充满憧憬，想法多多，希望有所作为。

为了这个位子，他等了整整八年，如果不是他的两个叔叔短命，继位之日更是遥遥无期。然而，登上帝位的太甲，没过多久就发现自己的这个国王，说话不太管用，因为在他的头上还有一个太上皇，那就是伊尹。

此时的伊尹地位奇高，不仅是个帮助帝王管理百官的宰相（卿士），还是个摄政监国的人（抚绥万方，惟尹躬）。

所谓摄政，就是代替帝王管理朝政，所谓监国就是代表帝王监理国家。对于伊尹来说，他不仅要代替太甲管理百官和诸侯，还要管理帝王！这让太甲这个国王当得非常不爽！因为帝王就是为权力而生的，帝王就是权力，权力就是帝王。放弃了权力就等于放弃了帝王。对权力的欲望与争夺，这就是太甲和伊尹的矛盾焦点。

三年后，对于这种傀儡般的帝王生活，太甲已实在忍无可忍了，于是他开始恣意妄为，不仅不听伊尹的规劝，还以身试法，去破坏当时商族传统的法制，而且还他居然学夏桀的样子，胡作非为。

这可就是典型的问题青年了，也许，这是太甲以自己独创的叛逆兼无厘头的方式向他的宰相伊尹发出的抗议和挑战。

太甲的表现尽情地展示了他的不成熟，无论从古今的角度，都可以看出，或许伊尹考虑得更为周全，做的是对的，作为官三代的太甲若想成长为称职的帝王，确实还需要一段时间去历练历练。

感谢伊尹，及时地给了太甲历练的机会。伊尹历练太甲的方式有点特别，因为，这不是后世常用的流放、做苦工、下基层等措施，而是把处于叛逆期的太甲关了禁闭。正如《尚书》所记：太甲既立，不明，伊尹放诸桐。《史记》也有记载：帝太甲既立三年，不明，暴虐，不遵汤法，乱德，于是伊尹放之于桐宫。

太甲被软禁的地方名字挺好听,叫作桐宫,故址在今河北省临漳县,据说太甲的爷爷商汤就被埋在这里,也算是个风水宝地。

连帝王处置臣子也需要理由,现在臣子把帝王关了禁闭,难道就不需要理由吗?需要,非常需要!说起来,伊尹关太甲的理由非常多,但总结起来就是三个字:不听话!(惟嗣王不惠于阿衡《尚书》)

下属嫌领导不听话,所以就把领导关起来了。这个理由实在是让人哭笑不得。

软禁了太甲之后,朝中无王,伊尹便是无冕之王了(伊尹摄行政当国,以朝诸侯)。

对于他的这个行为,后人评价褒贬不一,有人说他篡权,有人说他自立,但更多的人认为他这是为了教育太甲,送他上了桐宫大学。这个大学地处墓地,气氛庄严肃穆,幽静安谧,除了守墓人,寻常人不得进入,确实很适合研究学问。

为了让太甲学业有成,伊尹还专门编著了三门教材,即《伊训》《肆命》《徂后》。

《伊训》一文属于品德课本,主要教育太甲商族之所以得国,正是因为德政,嗣王应牢记先王的教导,否则也会失国。

《肆命》一文则类似今天的学生行为守则,专门讲如何分清是非的道理,对于什么样的事情不应当做,什么样的事情应当做。

《徂后》一文则是法律课本,讲的是商汤时候的法律制度,教育太甲一定要按照祖先定的规矩行事,不能背弃祖训,为所欲为。

在桐宫大学，太甲痛定思痛，他一边埋头苦学，一边打扫陵墓，三年的研磨领悟，终于顺利毕业，成长为一个行动谨慎、言语谦逊、思想沉稳、勤劳不息的高才生。

伊尹见太甲成绩科科为A，便亲自到桐宫迎接，恢复太甲的王位，自己则退而为臣。学业有成的太甲二次即位，再也不是从前的那个爱冲动的青年，他勤修德政，以身作则，诸侯归服，百姓安宁。（帝太甲居桐宫三年，悔过自责，反善。于是伊尹乃迎帝太甲而授之政。帝太甲修德，诸侯咸归殷，百姓以宁——《史记》）

可见伊尹确实是出于公心，一心为国，而无篡位的野心。但是，后人对这段历史有很多疑问。太甲是真心改过，还是在伊尹的高压下不得不装腔作势，答案可能永远也没法知道了。

因为，太甲也不算长寿，一共在位23年，43岁左右死去，他比伊尹早死了8年。

伊尹放太甲的故事在《孟子》《左传》等书中的记载与《史记》《尚书》基本相同，可见此故事内容在古代流传很广。不过在《竹书纪年》一书中，记载的内容则不同：伊尹放逐太甲后，自立为王，7年后，太甲自桐宫潜回王都，杀掉了篡位的伊尹，并改立伊尹的儿子伊陟和伊奋继承伊家。

那么，真相究竟如何？这得先从《竹书纪年》一书谈起。

第二十三节 伊尹死亡的真相

《竹书纪年》[1]是春秋时期晋国史官和战国时期魏国史官所作的一部编年体通史,亦称《汲冢纪年》。

在此,诚挚感谢一位盗墓贼,他的名字叫"不准"。这个名字读起来很有趣。但你肯定读错了,不是读"bù zhǔn",而是读"fǒu biāo"。

在中国盗墓史上,不准知名度很高。因为,是他在西晋咸宁五年(279年)盗了魏襄王的墓,并在里面发现了散落的一堆竹简。这便是千古奇书——《竹书纪年》。

可惜他并不明白这些竹简的价值,因此,当他进入漆黑的墓室,火把燃尽时,他便捡起墓道里的竹简烧起来"照明"。

此后,西晋政府组织了一批文化界名人,对剩下散在地上未被烧光的大批竹简进行整理、解读。后人称这些被抢救出来的竹简为《汲冢书》。这些竹简,又被后人整理为《古本竹书纪年》,它比司马迁著的《史记》成书时间还要早二百年。

书中记录了从夏朝到魏襄王之间的重要历史事件,且书

---

[1]《竹书纪年》参考《二十五别史》之《古本竹书纪年》.齐鲁书社,2000年出版.

第二十三节 伊尹死亡的真相

中的许多记载都和甲骨文、青铜铭文、秦简相吻合,可见,此书对研究先秦史有很高的史料价值。

《竹书纪年》对史学界的震撼,在于它所记录的史料与《史记》等传统史书所描述的不单内容不同,而且价值取向相异。《竹书纪年》描述了从夏朝到战国时期历代所发生的血腥政变和军事冲突,其中关于"尧舜禹的夺位而非禅让""夏启杀伯益""太甲杀伊尹"等记载,都与《史记》有极大差异。

那么《竹书纪年》与《史记》所记载的史事,谁的真实性更高?

论年代,《竹书纪年》更为久远,编于春秋战国时期晋国、魏国,是中国古代唯一留存的、未经秦火的编年通史。它的历史价值和社会价值皆在古代经史之上。

《竹书纪年》的内容与《史记》的记载有不同之处。

如《竹书纪年》中记载商代国王祖乙为商中宗,而《史记·殷本纪》则记载太戊为商中宗。孰是孰非?历代研究者当然更信任《史记》。然而,直至近代甲骨文重见天日,从中见到"中宗祖乙"的称谓,方知《竹书纪年》一书记录才是正确的。

《竹书纪年》又说,商王朝自盘庚迁殷后,经过273年被周朝所灭;而《史记》记录为773年。两相对照,《史记》中的记录整整多了五百年。经过考证,《竹书纪年》是正确的。

可见,《竹书纪年》的史料价值甚高。可惜它在西晋时代出土,此时司马迁已死370年,因此无法从中取得宝贵的参考。

然而,《竹书纪年》说"伊尹放太甲"是自立为天子,以后太甲潜出桐宫,杀了伊尹。这个说法是否可信呢?

根据《帝王世纪》一书中记载，答案是否定的。《帝王世纪》载：太甲死后，伊尹辅佐他的儿子沃丁即位，八年后，伊尹方才死去。沃丁则"以天子礼葬之"，还作了一篇文献《沃丁》来赞颂伊尹的功德。

而在《史记》中，则有另一记载：伊尹死后，太庚、小甲、雍己、太戊几代商王都任用他的儿子伊陟为相，伊尹的另一个儿子伊奋也在商朝官居要职。如果，伊尹因篡位被杀，他的后代为何在商朝混得如此发达？

最有力的证据则是甲骨文的出土，在出土的商代卜辞中，屡见致祭伊尹的记载，他的地位很受尊崇，介于商代先王与先公之间，而且还有将成汤与伊尹一并祭祀的卜辞。

可见《竹书纪年》中也有不实之词，太甲杀伊尹一说纯属后人附会。为什么会出现这种情况？

因为古本《竹书纪年》不符合儒家经义，早在理学盛行的宋朝就已经散佚，现代能看到的都是清人和今人的辑本，其中必经后人的篡改，所以，其中产生谬误也在所难免了。

至此，伊尹死亡的真相可以揭晓了，他不仅生前显赫，而且确实得以善终。

在历代权臣中，无疑伊尹是最为成功者，因为他不仅成功地辅佐了帝王，更是成功地教训了帝王，而且还可以成功地全身而退，最牛的是，他死后竟然成功地获得了帝王家族世代隆重祭祀。

若从权力的角度来说，中国历代可与伊尹相提并论的人物并不多，而且他们的结局都不如伊尹完美。今举霍光、诸葛亮、张居正、多尔衮为例。

第二十三节 伊尹死亡的真相

霍光,名将霍去病之弟,武帝托孤大臣,先后辅佐武帝、昭帝、废帝、宣帝四个皇帝。

期间,他曾主持废立昌邑王,并从民间迎接武帝曾孙刘病已(后改名刘询)继承帝位,这就是汉宣帝。因为霍光效法伊尹,行废立天子之事,所以后人将他俩合称为"伊霍"。

在霍光的辅佐之下,大汉出现了昭宣盛世。

然而,霍光地位高、权力大,引起了汉宣帝的忌惮。某次祭祀,霍光与宣帝同乘一辆车,宣帝非常紧张,感到如同有细小的芒刺扎在背上一样不舒服。(原文是"若有芒刺在背")

霍光生前功高震主,死后第二年,汉宣帝以霍家欲谋反为名,将其灭族。

再谈诸葛亮。刘备死时,给儿子刘禅留下遗诏,叮嘱刘禅:"汝与丞相从事,事之如父。"此时刘禅已经 17 岁。

遵照其父的嘱咐,刘禅事事依靠诸葛亮,"政事无巨细,咸决于亮。"刘禅成了名副其实的傀儡皇帝。

但刘禅与诸葛亮之间的矛盾却并未公开化,一方面刘禅需要诸葛亮为其支撑大局,另一方面因诸葛亮大权在握,刘禅畏惧有加,也只好听之任之了。

然而,在诸葛亮去世后,各地官员纷纷上表,要求为他建立祠庙时,刘禅却断然否决了。直到诸葛亮去世二十九年后,刘禅在群臣的一再要求下,才同意在沔阳为诸葛亮立庙。

勉强建庙,却不建在成都,而是建在了离成都千里之遥的沔阳,个中意味可想而知。

明代万历朝的权臣张居正的命运则更让人扼腕叹息。

他贵为首辅,兼任帝师。张居正以严师对待学生的态度

127

对待十岁的小皇帝朱翊钧。平时，如果小皇帝背着张居正做了越制出轨的事，大太监冯保就会吓唬他："让张先生知道了，看你怎么办？"权势之大，可见一斑。

张居正大权在握，得以大刀阔斧地推行万历新政，使本已气息奄奄、病入膏肓的明王朝迅速恢复了生气。

但是，万历十年，张居正一死，亲政的万历皇帝迅速对张居正进行无情的清算。首先将张府抄家，张府人口，一些老弱妇孺因为来不及退出，被封闭于张府，饿死十余口，张居正80岁的老母还是在新任首辅请求下才留有一所空宅和10顷田地，连张居正本人也险遭开棺鞭尸。

这位权臣，恐怕生前绝对不会想到，死后竟然会遭到一手扶持的神宗如此无情的惩处。

朱翊钧这种一百八十度的态度转变是他长久处于张居正约束下的发泄。

最后再来谈一谈清代的摄政王多尔衮。

清太宗皇太极死后，多尔衮以辅政王身份辅佐皇太极第九子福临即帝位，称摄政王；顺治元年（1644年）指挥清军入关，清朝入主中原，先后被封叔父摄政王、皇叔父摄政王、皇父摄政王。如果没有多尔衮，清便难以入主中原，统一全国，顺治也不可能成为大清第一帝，因此他可称得上是清开国的第一大功臣。

然而仅在多尔衮死去两个月后，即1651年二月，顺治便宣布多尔衮十大罪状，剥夺多尔衮的封号，并毁墓掘尸。痛恨的程度之深，由此可见。

越是长得高大的树木，越要埋下头来，才不至于被风吹折。

第二十三节 伊尹死亡的真相

越是才华出众,越是要谨慎地处理同上级领导的关系。目中无人,骄傲自大,往往会给自己带来诸多不利。

一个人一旦达到权力的顶峰,人性的一切缺点便容易暴露无遗。

但威望权势,只能皇帝一人独有,作为一个臣僚,如享有威望,掌握权柄,久不归政,很少能逃脱厄运。因为在帝王眼里,人只有两种,一种是绝对顺从的工具,一种是不能顺从的敌人。

在独裁社会,一个人要想发挥自身的才干,就必须把才性和奴性完美地结合起来。没有奴性的人才和没有才能的奴才,同样都是可抛弃的。明白此理后,我们就不必感慨帝王的刻薄寡恩了。

伊尹能够有如此美好的结局,确实让人意想不到。他或许就是传说中拥有超级智慧的大神,或许他是一位超级幸运星,才得以遇到了两位不爱秋后算账的帝王——太甲、沃丁。

伊尹的故事结束了,但留给后人的经验教训却有很多很多。

第二十四节 抢位游戏的高潮

太甲在位 23 年，历史上对他评价颇高，称为太宗。透过殷墟卜辞来看，此后的商王们对这位君主还是十分崇敬的，对他的祭祀也很隆重。

其实，这也难怪，毕竟，其后的 26 位商王，无一不是他的子孙。

太甲，可称得是一位改过自新的好典型。为此，桐宫大学校长伊尹，还亲自写了《太甲训》一文，对他进行表扬。

太甲死后，他的儿子沃丁即位。按照商代前期兄终弟及制，太甲传位给儿子沃丁，很不合规矩。或许是太甲私心较重，或许是伊尹力荐，或许是太甲已无兄弟？史书并无记载，只能存疑。

兄终弟及这一制度，确实有它的优点。有些权臣野心勃勃，往往趁新帝年幼而篡权。而兄终弟及制，对于防范这种可能非常有效。而这一制度也给商前期的统治带来了很大的困扰。其中的害处甚至远远大过了好处。

比如，兄弟三个人，老大死了，老二上，老二死了，老三来。那么老三死了呢？位置该给谁？老三一般就会把这位置传给自己的儿子。

这问题就来了，老大、老二的儿子们肯定对三叔不服气：你的位子是我爹给的，现在你死了位子应该还给我，你直接就传给了你儿子,这不合理呀!于是,王位争夺问题便产生了。

但沃丁却稳稳地接了老爸的班,因为有伊尹罩着,什么事都好办。到第八年,伊尹死时,沃丁早已羽翼丰满了。沃丁在位十九年,死后由他的弟弟太庚即位。太庚死后,他的儿子小甲即位。小甲死后,弟弟雍己即位。

雍己时期,是商朝的第一个拐点。由于商王室内斗不休,对内政事荒废,对外则不思进取,实力难免大损。此消彼长,各诸侯的势力日趋膨胀,有些桀骜不驯的诸侯不来朝贡已成家常便饭。

幸好,雍己有个好弟弟,他就是太戊。雍己死后,太戊即了位,太戊接手的是一个乱糟糟的烂摊子。

怎么办?这局面谁能镇得住?太戊想到了伊尹。可是伊尹已经死了几十年,再想也不能让他复活。

但伊尹人死招牌在,而且是个金字招牌。伊家现任当家的是伊陟,他是伊尹的大儿子。

此时,伊陟正在家待业,太戊立马起用,一升到顶,官职为相——辅政大臣。太戊很聪明,他不会做亏本的买卖,这是在借助名人效应,为大商公司打广告。

名人的特点便是知名度高,美誉度高,并有特定的人格魅力,借此直接为公司或产品代言,与其他的广告形式相比,更具有吸引力、感染力、说服力、可信度,同时体现品牌实力,进一步提升企业和产品的社会形象。

伊陟的出山,给大家吃了颗定心丸。既然伊尹的儿子都肯来大商公司打工,那这家公司岂不是很有前途?好了好了,大家别闹腾了,安心过日子吧,跟着伊家,未来会更好的。

太戊成功了,商的局势稳定了下来。因为不出太戊所料,伊家这面金字招牌一亮出，效果立竿见影。

当然，伊陟也是个有真本事的人，面对谣言纷纷、人心惶惶的国内政治，他确立了"妖不胜德"的政治原则，鼓励太戊以德治国。在他的辅佐下，商朝不仅稳住了国内局面，而且使各诸侯国又纷纷归顺，商朝自此中兴。

太戊的努力没有白费，历史记住了他，后代肯定了他，尊称他为中宗，葬于太戊陵。此陵今位于河南省内黄县亳城乡刘次范村东侧，是现今国内所存唯一的一处商代王陵。

太戊死后，儿子中丁即位。和老爸相比，中丁明显没那么强悍。

为了防止兄弟们抢位子，中丁把首都迁到了隞，估计这地方以前应该是中丁当王子时的势力范围，只有到了自己的一亩三分地，才能睡得安稳，干得顺手。

但俗话说，有人的地方就有江湖，有权力的地方就有争斗。治标不治本，只能暂缓一时。地盘虽换，斗争继续，贵族内斗不仅没有停止，反而愈演愈烈。

屋漏偏逢连夜雨，商朝东南方（今山东半岛）的夷族兴起了。在中丁即位后的第六年，夷族中的一支——蓝夷部落竟然吃了熊心豹子胆，主动进攻商朝。

这是一件很恐怖的事情，竟有人胆敢挑战商王朝的权威。此头一开，如不重击，必将后患无穷。

此时，中丁早已被内斗搞得精疲力竭，但也只能硬着头皮出兵迎敌。此后，虽然最终击退了蓝夷，但中丁本身的势力受到重创。

中丁死后，已无力将王位传给儿子，一大堆的兄弟们凭

第二十四节 抢位游戏的高潮

借着自己的势力争夺他留下的王位。

最后,中丁实力最强大的弟弟——外壬,在与其他几个弟弟达成妥协后即位,自此开了"谁势力大谁即位"的先例。此后,商代的第二个拐点到来了,商代进入了其历史上最混乱的时代——九世之乱。

此后,商朝的贵族们,掀起了抢位子游戏的新高潮。儿子兄弟,侄子叔叔之间为了抢位子,斗争空前激烈,连续九代争来斗去。每一次王权更替,都引发一场剧烈的争夺,一百多年不得消停。

正如《史记》所载:"弟子或争相代立,比九世乱,于是诸侯莫朝。"

伴随着商朝王位争夺战的,是频繁的迁都。儿子抢了叔叔的位子就换一个地方,叔叔抢了侄子的位子也换一个地方,刚换了地方,位子又被抢,于是再换。折腾来折腾去,把商朝折腾得奄奄一息,眼看大夏公司就要倒闭了。

就在这个时候,商朝王族的一个重量级人物——盘庚出场了。

盘庚是商朝第二十任国王。公元前1300年左右,在经过一百来年的抢位子运动之后,商朝的王位到了他的手里。这是老天对商朝的眷顾。

盘庚接的是哥哥阳甲的班。阳甲算是一个很悲摧的人物。他在位时,商朝内乱不止,奴隶主贵族之间相互残杀,位于今天山西的丹山戎又来侵犯。内忧外患,危机重重,阳甲已无法控制局面。

阳甲在位七年,窝心七年,日子过得要多惨有多惨,难怪后代谥号"商悼王"。

对于中国5000多年的历史，《三国演义》中"论天下大势，分久必合，合久必分"是一个最好的总结。无论一个朝代如何辉煌，到头来仍然避免不了国破家亡，被他人替代的结果，秦皇汉武，唐宗宋祖等等如何杰出也好，英雄也罢，在他们的子孙手里都会被葬送掉这一切的辉煌。

而在帝国出现危机的关键时刻，有些帝王根本意识不到危机，当然更谈不上有何拨乱反正的想法，反而只会不要命地折腾，于是他们就光荣地成了理所当然的末代君主。秦始皇的儿子胡亥、孙权的孙子孙皓、北宋的宋徽宗赵佶便属此类帝王典型。

当然在历史中也存在着这类君主，他们确实也意识到了帝国危机，也有了一些扭转时局的想法，但他们在具体操作时往往缺少魄力与能力，最终失去了江山。如汉献帝刘协、唐昭宗李晔、南唐后主李煜、明崇祯帝便是此类代表。正如柏杨先生所说的那样，让一个小学生来完成博士论文，难度当然势比登天。

好在盘庚不仅是一个有想法的帝王，而且是个有能力的帝王。这很难得，尤其是在一个王朝面临崩溃的关键时刻。如果没有盘庚，商朝的寿命仅有300年。因为有了盘庚，使商朝的寿命延长了254年。

此时，盘庚下定决心，要力挽狂澜。

但是，此时这个摊子，已经烂了上百年了，要想收拾干净，谈何容易。

那么，盘庚到底该如何去做呢？

第二十五节 必须老大说了算

治病,得先找出病因,再对症下药。治国也是如此。

商朝已是一位年过300的老者,内忧外患,病得很严重。不找准病因,乱下猛药,搞不好就会要了他的老命。

盘庚是个好医生,望闻问切,他找准了商的病根。商朝之所以局面失控,主要病因便是王权削弱,贵族势力膨胀。换句简单的话来说,在当时,国王基本上已经成了摆设,国王的话,贵族们爱听不听。人无头不走,鸟无头不飞,一个国家的首脑说话没人听,这国家不乱才怪。

这也难怪,那些所谓的贵族就是国王的亲兄弟、堂兄弟、亲叔叔、亲侄子。拜兄终弟及的传位制度所赐,大家都成了潜在的国王候选人,一到王位更替的时刻,一大家子便乱成了一锅粥。

这些贵族就算抢王位失败,也无所谓,还有下一场。而大家毕竟都是王家血统,待遇可都不低,都有自己的土地和民众,且经过长期经营,势力盘根错节,能量巨大,对于刚刚上台的国王,他们是不怎么放在眼里的。

因此,当前盘庚最紧迫的任务便是加强王权,树立老大的威望。简单点说,国家大事的拍板定夺,必须老大说了算!如何加强王权,最为有效的方法当然是削弱贵族们的势力。

鸟没了翅膀，想飞也飞不起来。盘庚打算就这么办！

可是，说起来容易做起来难，要想收拾那些不听话的贵族，削弱他们的势力，实在是不太容易了。到底该怎么办？这是一个很费脑筋的事。

盘庚为了这个问题，整整想了三年，终于想到了一个好办法。这个办法就是迁都，这不禁让人大失所望。因为这个想法一点创意都没有，纯属山寨。

商人爱迁都，古今未有过者。自商汤建立商朝，建都于亳（今河南商丘）至今，大商王朝已一连五次迁都，主要集中在中丁到盘庚这五代，100多年间，竟然迁都五次。

这五次分别为：中丁即位后迁都于隞（河南郑州）；河亶甲即位后迁都于相（河南内黄）；祖乙即位后迁都于庇（山东定陶）；南庚即位后迁都于奄（今山东曲阜）；盘庚即位后迁都于殷（河南安阳）。

为什么商代国王都热衷于迁都？有的说是避水患，有的说是避外敌，其实还是内部争权惹的祸。在换了新地方以后，大家（各级贵族奴隶主）人生地不熟，既没了关系，又没了势力，只能任由帝王一个人说了算。

可以说，一直以来，迁都都是商朝的帝王们釜底抽薪，削弱反对势力，增加自己的权力，缓解内部矛盾的不二法门。更是重新洗牌，开创新局面的有效办法。

盘庚要结束混乱，开创新局面。所以他也要洗牌，迁都。但这次跟前人不同，他下定决心要彻底洗牌。

可是，这只是盘庚一厢情愿的事。

他的那些兄弟爷叔已经在奄苦心经营多年，吃香喝辣，

第二十五节 必须老大说了算

要钱有钱,要权有权,且仗着自己的势力,将来抢到王位的可能性很大,怎么可能心甘情愿放弃既得的利益,搬到远方重新创业,白手起家,一切从头再来?

因此,当盘庚提出迁都的打算后,就像捅了马蜂窝,大家不约而同地一起跳起来反对。一些比较有头脑的贵族还搞起了结盟,到处煽风点火,煽动手下的奴隶主和不明真相的群众起来闹事。一时之间,民怨沸腾,大有不把迁都计划扼杀在摇篮里誓不罢休之势。

盘庚呢?只在一边静静地看着。对这一切他早有心理准备。既然决定走迁都这条路,就知道将会发生什么。他要看清楚,是哪些人在背地里搞鬼,也早清楚这些人之所以站出来反应如此激烈,既不是为了国,也不是为了民,他们只是为了保住自己眼前的利益。好了。折腾够了吗?该我出手了。

于是,那些反对迁都的贵族奴隶主们都接到了通知,前去参加一个重要的会议。会议主席当然是盘庚。在会上,主席盘庚做了重要发言。

发言开始时,盘庚语气相当和缓亲切。他对各位兄弟爷叔说:"我之所以要迁都,是因为我继承了先王的事业,为了商朝的长治久安。如果有人反对,那就是自私自利,是不得人心的。所以从今天开始,大家都要各司其职,把迁都事情提到日程上来。"

说到此处,盘庚突然话锋一转,充满杀气:"如果有人继续反对,将要受到惩罚!"

怎么惩罚?盘庚下面这句话更狠:"谁不听话就斩尽杀绝,让他断子绝孙!"

其实，盘庚发言当中最有效的就是这句话。不过，如果仅仅是因为不愿意搬家，就要把人家赶尽杀绝，断子绝孙，是不是有点过呀？或许，乱世用重典，招狠，方才有效果。只有把这帮闹腾者镇住，商王朝的生存才有希望。

可是，盘庚说此狠话，难道不怕激起众怒，甚至引发造反？这不用担心。盘庚敢这么横，自然有他的理由。他做出迁都计划时应该有周密的计划。要想进行一项较大的政治变革，单靠嘴皮子是绝对不行的，最重要的后盾，只有枪杆子。

此时，盘庚即位已三年，这三年，他应该不仅仅准备了迁都计划书与演讲稿，应该还发展了他的直属武装。只有枪杆子硬了，才有讨价还价的资格。没有武力作为后盾的谴责即使再大声，也只能换来一堆嘲讽。

会后结果不言自知。大家不吵也不闹了，都变得很乖。虽然都不愿意搬家，但如果在掉脑袋和搬家两项中任选其一的话，大家当然选择后者。

盘庚首战告捷。公元前十四世纪的某一天，商族人民在盘庚的带领下，跋涉近四百公里，来到了黄河流域的一片肥沃的平原上，这个地方叫殷（今河南安阳西北）。在这里，盘庚和他的子民，建立了新的首都。

至于盘庚为什么看上了这个地方，众说纷纭。大多数人的看法是，这里地势绝佳，左有孟门天险，右有漳河、滏阳河，前临黄河，后靠太行山，而且此处地处黄河中游的冲积平原，水土肥沃，环境适宜，便于农业。而更为重要的是，这里原为商族的立国之地，既便于控制东部平原上的诸侯方国，又便于进击西北高原的游牧民族。

第二十五节 必须老大说了算

当然，对于当时的盘庚来说，只有通过迁徙，他才能削弱那些企图争夺王位的奴隶主贵族的政治地位和统治力量，进而强化自己的统治权力。这才是他迁都的最直接目的。

可是，刚迁到殷时，问题又是一大堆。为什么？盖房垦田修猪圈，一切从头开始，受不了这苦啊！况且，远离故土，谁不会有点"举头望明月，低头思故乡"的情绪？于是，人心又开始浮动起来了。从前的那些爱忽悠的贵族老爷于是又活跃起来了，到处煽动老百姓搬回故都。

没办法，盘庚只好召开了第二次全会，与会者便是那些二进宫的煽风点火者，会议的主要议题是讨论迁都的伟大意义，并研究制定了如何把这伟大意义向全商族传达并解释清楚的方法与步骤。最后，盘庚特别强调，这是一项必须完成的政治任务，关系到商族的前途和命运，再有胡说八道、蛊惑人心者，严厉的惩罚就会加到他的身上，到时后悔也就来不及了。

好了，又来了，把盘庚惹火了，搞不好真要断子绝孙了。与会者就怕这一招，都乖乖地去干活去了，争做优秀迁都义务宣传员。

统一了思想，事情就好办多了。就这样，经过大家共同艰苦努力，终于在新邑安定下来了。后人把盘庚统一思想的这三篇演讲记录下来，命名《盘庚》，后录于《尚书》《史记》中。

此后，盘庚还干了许多事情。比如说，大力提倡节俭，改良风气，减轻剥削。而最为重要的则是改革官员的任用制度。为此，盘庚还特意召开了第三次全会。

我们知道，商朝施行的是分封制度。商族直辖地以外的地盘，由其他大大小小的诸侯部落统治。

当时的商族大致就相当于中央政府。既然是政府，就需要许多官员干活，但这些官员的选拔，既不经过考试，也不经过民主选举，更不看能力。看什么？看出身。只有有身份、有地位的人才有当官的资格。

盘庚之所以迁都，就是不想看到商朝继续衰败下去，也不想让别人威胁自己王权。所以在迁都之后，他还进行了改革，打破官员的贵族垄断。

具体做法，就是不管你是什么身份、什么地位，只要你有能力，使臣民安于新居，为臣民造福的人，就可以当官，还可依照他们的贡献大小去尊敬他们。盘庚还特别强调，至于那些只会贪聚财货的人，宣布不再任用。盘庚的这项举措的核心目的就是要把那些占着茅坑不拉屎、骄奢淫逸、腐败透顶的官员统统赶走，让那些真正有治国才能的人上台。

盘庚的抉择是英明的，迁殷是成功的，经过一系列的改革之后，盘庚彻底扭转了商朝自中丁以来"九世之乱"的局面，保证了王位由一个家族的父子世袭，因而一直到商末，从未出现过因争夺王位而引起的斗争。

至此之后，商朝日益强大，直到灭亡再也没有迁过首都。

前1277年，盘庚死去，葬于殷（今安阳），在位28年，史称商世祖。

此后，历经小辛、小乙，这就到了伟大的武丁时代。

这是中华古国第一个最鼎盛的时代。

第二十六节 强盛的武丁时代

盘庚死了,却没把王位传给儿子,这很奇怪。

费了那么大劲迁都,就是为了集权。没想到盘庚最后临门一脚却射偏了,把王位传给了弟弟子颂,也就是小辛。

可能是考虑到自己的儿子还小,或是知道自己改革改得太狠,害怕死后贵族们拿自己的儿子出气,有可能毁了自己多年的改革成果,所以盘庚还是把祖先商汤制定的兄终弟及的制度搬了出来。

可惜,小辛的能力跟哥比,相差太远,一个天一个地。但心眼却比哥哥足,上台后便开始清扫房屋,把哥哥重用的人清扫干净。接下来,又开始废除他哥的用人制度。幸好,他活得不长,登上王位才三年便死了。

小辛死了,弟弟子敛上了台,这便是小乙。对于小乙,历史上记载更少,可见他属于中庸之君,很少犯错,但也很少作为。不过,他生了个好儿子,名字叫子昭,也就是后来著名的武丁。小乙在位二十年,死后传位给武丁。

老子传位给儿子,在情理之中,本无可非议。但有个问题让人费解。在武丁之前,竟有七个哥哥。那么为何小乙把王位传给武丁呢?因为武丁的这七个哥哥全死了!这是一件很恐怖的事情,死因历史无记载,不敢妄断。或许,在小乙朝有一场惨绝人寰的夺位政变？

而更让人难以理解的是，武丁在年轻时曾在外行役，与"小人"一起耕田劳作。也就是说，武丁曾经有一段时间在社会上流浪，并和普通老百姓生活在一起，一起种田耕地，干农活，可能还打过散工，比如泥瓦匠。王子流浪打工，其中是否有隐情？

而据史书记载，小乙是个非常懂得教育的帝王，为了磨炼武丁的意志，把他培养成为一位有作为的帝王，故意把他派往西河（今山西与陕西之间、北南流向的黄河南段），让他在那里考察和体验民间的生活，使他接近贫苦的百姓，适应各种环境的生活。小乙做得很对，一切从基层干起，王子也不坐直升机。不过，那个时代的小乙，真的有如此开明的思想？

真相到底如何？已不得而知。但有一点可以确定的是，这段流浪生涯对武丁确实帮助很大。他经历了许多不平凡的事情，结交了许多不同身份的朋友，目睹了民间的种种苦难，深刻地认识到国君治国为民的重要性。

他还很幸运地结识了他人生第一位重要的助手——甘盘。甘盘是甘氏的始祖，他文武全才，折服了武丁。武丁便拜他为师，跟他一起习文练武。在甲骨卜辞中则称甘盘为"师般"，应是恩师甘盘之意。

武丁在民间一共生活了多少年？没有准确的记载，有的说是三年，有的说是五年，有的说是20年。

不过，这不重要，重要的是公元前1250年小乙去世了，武丁即了位，苦尽甘来，流浪王子变成了国王。这一年，武

第二十六节 强盛的武丁时代

丁41岁。即位后的武丁很念旧,首先想到了甘盘——这位与他同甘共苦的老师,便任用甘盘为卿士,协助他处理国家大事。

好了,安稳了,已过不惑的武丁,该享享清福了。而就在这时,或许是兴奋过了度,武丁突然得了一种怪病,不会说话了。当时的医生称此病叫"谅阴",俗称"不言症",现代医学称作"失语症"。

后世有人说,这是武丁的计谋,类似春秋时期一鸣惊人的楚庄王。在这三年时间里,武丁对于政事不闻不问,虽然把政事全权委托给了甘盘,而自己则在暗地里观察国家的风气。

但这似乎只是附会之说,应该不可信。人要想装聋作哑三年,难度太大。而且,武丁那个时代,时局稳定,也没有装聋作哑的必要。

另外,在殷墟甲骨文里,武丁时期的卜辞最多,这是否与他失语有关?比如说,武丁说话有问题,需要借助甲骨卜辞来表达自己的意思。

不过,事情确实又有点蹊跷,因为三年后,武丁竟不治而愈,开口说话了,虽然开口说的就是梦话。总之在某一天,他醒来后,立刻精神焕发,张张嘴,清了清嗓子,竟发出了音。

他马上临朝,对大臣们说,他做了一个很奇怪的梦,梦见有一个叫"说"(读 shuì)的人来到他身边,与他聊天,聊的都是治国之道。

他相信这人一定是天神派来的,是一个来辅佐他的圣人,所以必须马上找到这个人。然后,他开始了更为逼真的表演,让满朝官员陆续上朝让他辨认,但是看过了所有的官员都没有他要找的人,做出满脸焦急的样子。

他便想出了个笨方法,让画工按自己的描述画出了"说"的肖像,然后复制成许多份,派官差拿着画像分别到全国各地去寻找。

估计武丁给了官差们大致的寻访范围,否则,只能是大海捞针。有两位官差很幸运,在傅岩(今山西运城市平鹿县)找到了一位跟画像十分相似的人。

但让官差们为难的是,这个准圣人是个服刑的囚徒,正在士兵的监督下和数百名囚徒一起修筑城墙。

但又因为武丁有令,不管此人出身如何,只要和画像相似,就必须带回宫中。两位官差只好忐忑不安地把这名囚徒押回都城,送进宫中去见大王。

没想到武丁一见到这位囚徒,立刻激动不已:"就是他,就是他,他就是我梦中所见到的圣人!"于是,武丁当场赦免了梦中圣人的一切罪过。因他曾在傅岩服过刑,便赐姓为傅,称他为傅说。

其实,这一切都是武丁精心导演的一出戏,因为早在他流浪打工时就在傅岩结识了"说",并和他多次交谈,武丁发现此人不仅有经天纬地之才,而且有定国安邦之术,是天下少有的奇人,从此他便把"说"深深地记在了心里。

他在失语的三年间,大权交于老师甘盘。虽然武丁对老师很信任,但作为一个帝王,对于大权旁落的隐患,还是不得不防。他还需要一个能臣,用来辅佐他,也可与甘盘互相牵制。这个能臣便是"说"。

第二十六节 强盛的武丁时代

但是当时的国家制度等级森严,奴隶不仅不能当官,连进入朝廷的资格都没有,如果强行把他调入朝中,既违反了祖宗的制度,也会遭到全体贵族的反对,对自己和国家都十分不利。

武丁很聪明,他苦苦思索才想出重用傅说的计谋,假借神的旨意来完成自己的心愿。他向朝中百官宣布,傅说是天神派下来的圣人,任何人都不得小看他,否则以大不敬论罪。可见他为了得到一位治国的人才,真是煞费苦心。

一年后,商王武丁任命老师甘盘为右相,傅说为左相。

前1245年,商王朝的右相甘盘去世,商王武丁任命傅说为相,撤销了左右相的官衔,二者合而为一。傅说果然不负众望,在他为相期间,兴利除弊,惩恶扬善,赢得了朝中上下的好评。傅说曾著有《说命》三篇,是专门写给帝王看的书,收录在《尚书·商书》中。

从失语症阴影中走出来的武丁在傅说的辅佐下开始大展拳脚。在民间流浪多年的经历成了他的宝贵财富。这段经历使他能切身体会到底层民众生活之苦,他们吃不饱穿不暖,每天却还要辛勤劳作,而那些贵族穿金戴银穷奢极欲,却终日游手好闲醉生梦死。

武丁看到了社会的不公,明白了社会矛盾的激化源头便是社会的不公,国家就不会安定,正如《论语》中所说:不患寡而患不均。民众是否贫穷不是关键,而担心财富分配的不公平。

因此,武丁时代积极倡导节俭,限制贵族向平民横征暴敛的行为,他自己也以身作则,不贪图安逸,不荒废政事,不搞大规模的宫廷建筑,因为他治国有方,受到了国人的拥护。

大多有底层生活经历的帝王,对百姓都不错,也大多有所作为,典型的如汉高祖刘邦,汉宣帝刘询,明太祖朱元璋,虽然,这三位都有大杀功臣的嗜好,但对普通民众,则是善待的。

善待百姓的政府更具凝聚力,大商帝国在武丁的领导下,团结一心,走向了富强。堪称兵强将勇,财多粮广。

武丁在国力上升的基础上,开始出兵讨伐那些国内叛乱的诸侯和与商王朝为敌的夷族方国。据史载,武丁时征服的方国部落有40多个,其中北方的土方、鬼方、羌方是主要征讨对象。

作为一位名垂青史的名王,武丁之所以被谥为"武",最重要的原因当然是凭他的武功。此处的武功并非指降龙十八掌、少林铁砂掌之类的武术,而是指他军事方面的功绩。

土方是一古老游牧民族,活动在今山西、陕西一直到内蒙古自治区以北地区,距离商王畿较近,屡次侵夺商地居民,一直是商族的心腹之患。

对于侵略成性的土方,武丁必须先除之而后快。因此武丁每次征伐土方都全力以赴,出兵最少三千,最多达五千。这些战斗大多是由武丁亲自率领和指挥的。战争持续了三年,最终擒杀土方的首领,土方人民归顺了商王朝,土方地区成为商的北土。

鬼方是比土方更偏北的一个游牧民族,是后来强大的匈奴民族的祖先,武丁时期对鬼方的战争进行得特别激烈,持续时间也很长,前后达十年之久,最后以商朝胜利而告终,

第二十六节 强盛的武丁时代

不过，从以后匈奴的发展来看，武丁只是暂时将鬼方驱赶而解除他们对商朝北部的威胁，并没有彻底击溃。

羌方是商朝西部的一个部落，主要活动在今陕西西部及甘肃一带，地广人众，十分强大，其中最重要的两个部落是北羌和马羌。他们与商朝的关系和战不定，卜辞记载，武丁对羌方的战争，一次就曾调动一万三千人。商朝人对待俘虏非常残忍，被俘获的羌方人只有很少一部分成为生产者，上至首领，下至一般的羌民，绝大多数都在祭祀时被商王充当了敬献给神灵的牺牲。

提及武丁的武功，就不得不提他的老婆妇好。虽然他有老婆六十几位，而妇好却是最著名的一位。

妇好是武丁的三个正妻之一，是位智勇双全的巾帼英雄，不仅多次随他出征，斩将杀敌，屡立战功，还曾数次独自领兵出征，讨伐叛乱的诸侯和夷族方国，使敌军闻风丧胆。她先后西征平定羌方，南征收复巴方，征服大小数十个方国。

考古工作者和甲骨文研究的学者，曾在殷墟卜辞中发现许多妇好领兵出征的记载，其中较大的几次，如征讨卜方（今淮水以南）、土方（夏后氏遗民，今山西阳泉市一带）等。

而著名的平定鬼方之战也是妇好指挥。妇好奉命率精壮士卒三万人西征鬼方，当时战争打得很艰苦，历时三年才平定鬼方，三万士卒活着回来的不足五千，其余皆战死。

此后妇好又先后平定诸侯大彭国（即彭城，今江苏徐州市）和韦国叛乱。

1976年，考古工作者在河南安阳小屯村发现了妇好墓，墓长5.6米，深8米。在妇好墓中共出土文物一千六百多件，有青铜器、玉器、石器、象牙杯等。其中有两把大铜钺，每把重9公斤，上面还刻有妇好的名字。

当年妇好就是用这两把铜钺，南征北战，东讨西杀，为商王朝立下了赫赫战功。另外墓中卜辞还载有妇好的死、葬和祭祀的相关资料。武丁时期的卜辞中，有许多为妇好占卜生育和健康的卜辞，可见武丁对妇好的关心和重视。

经过数十年的征战，商王朝的版图逐渐扩大，直接控制的疆域西至陕西西部，东至山东西部，北至河北北部，南至汉水以南的长江流域，成为当时亚洲地区最大的一个文明国家。

应该说武丁是一位思想比较开放的帝王，在奴隶制时代，能够重用奴隶和妇女为国家高层领导人是极为罕见的，没有足够的勇气和胆略恐怕也很难办到。

武丁的王国是强盛的。但作为奴隶主，武丁连年发动战争，主要是为了占领更多的土地和奴隶，使成千上万无辜的平民死在战场上，又使成千上万战败国的平民沦落为他们名下的奴隶。

他占据的辽阔地域完全是用奴隶们的鲜血和白骨铺就的。

前1192年，武丁病逝于西华（今河南省西华县县城东北15公里田口乡陵西村），在位59年，享年百岁。谥号商高宗，庙号"武丁"。

武丁时代是大商王国最强盛的时代，但物极必反，月盈必亏。武丁死后，大商的衰败期到来了。

第二十七节 走向没落的帝国

公元前1191年，百岁老人武丁死了，留下了一个盛极必衰的帝国。

儿子子跃继位，也就是祖庚，他是武丁的次子。

按道理，无论从哪方面来说，国王宝座都轮不到他坐，因为他上面有个大哥祖己，下面更有一个老爸宠爱的弟弟祖甲。

因此，祖庚的继位有一定的偶然性。

先谈祖己。这是个近乎完美的人。不仅是个好大哥，更是一个孝顺父母的好儿子，因此后人都不称他为祖己，而称他为"孝己"。

所以，武丁也很喜欢这个儿子，一直以来，都是把祖己当继承人来培养的。可惜，在前1226年祖己就死了，比老爸武丁还早死35年，并且死于荒郊野外。这种死法很蹊跷，王子的命运有时候不一定会比普通老百姓好。尤其是继承人这个位置，更具高风险。

据后人记载，祖己是被后妈——武丁的一个妻子毒死的。而在《帝王世纪》里面记载，祖己命运似乎好一点，是因后妈挑拨，父亲武丁疏远了他，最终使他忧郁而死。但这两种说法有个共同点，那就是祖己的死和他的某位后妈有关。

但是，武丁有老婆六十几位，到底是谁，有这么大的能量，可以左右武丁？

其实，这位能量很大的女人，了解历史的人都比较熟悉，是的，你猜对了，她就是妇好，那位很酷很酷的女英雄。

虽然，武丁的老婆有很多，但他的王后却只有三个。即妣戊（妇妌）、妣辛（妇好）和妣癸，称为"三配"。

武丁的第一位王后是妣戊，她生了祖己。她死于武丁前期，殷墟出土的后母戊鼎是祖己为老妈妣戊做的祭器。这也是目前发现的先秦时期最大的青铜器，即使是妇好的司母辛鼎也无法与之媲美。那时候，祖己贵为太子，还没有失宠，因此才有如此强大的财力和气度铸造如此巨鼎。

妣戊死后，妣癸继任为武丁王后，生了祖庚。她大概活的时间不长，活动也不多，所以武丁时期的卜辞中很少有关她的记录。妣癸的青铜器物很多，仅埋入妇好墓中的就有28件，而且也拥有和妇好一样的铜钺，可见她曾经的特殊身份和地位。

妣癸死后，妣辛才被立为王后，妣辛也就是女将军妇好。她生了儿子祖甲，她是武丁最后一位也是在任时间最长的一位王后。

而祖己死于武丁中期，即妇好为武丁王后时期，这也是妇好最为活跃的时期。因此，《帝王世纪》里说的那个使祖己失宠忧郁而死的武丁后妻应当就是妇好。

妇好完全有作案动机，让武丁废黜祖己的主要原因，就是要为自己的儿子祖甲创造立储的机会。

武丁在妇好的挑唆下，与儿子祖己的关系越来越疏远，并移情到了妇好的儿子祖甲身上。渐渐地，武丁便起了废故立新的念头，这对祖己打击很大。因为他毕竟曾是一位地位崇高、权势显赫的太子。

不久，祖己死了，死于忧郁。以淡然之心去看待得失，或许才是人生快乐的秘诀。

祖己死后，根据次序，应当是妣癸的儿子祖庚为王位继承人，可当时的王后是妇好，不仅很得宠幸，而且也有相当大的军政权力，所以武丁要立她的儿子祖甲为储，而这也正是妇好所迫切希望的。

可是，下面的故事很戏剧化，祖甲竟然离家出走了。

原来，祖甲是一个很知礼的人，对老妈妇好损人利己的做法很不认可，认为这是利用权势废长立幼，是"不义"之举，拒绝被立，甚至离家出走，逃到了民间，表示抗议。

面对儿子的非常举动，武丁和妇好倒也无可奈何，而且朝堂之中也有非议，所以只好选择了祖庚作为接班人。一场权力之争才暂告一段落。

宫廷，是权力角逐的中心，女英雄妇好也不能免俗。

人性往往是复杂的，评价一个人，尤其是历史人物，要全面、客观、公正，妇好虽然在政治上和军事上取得了一系列成就，但在个人私德上确实有问题，功是功，过是过，要尊重这一历史事实，有问题也不能回避。

在妇好、武丁相继去世后，祖庚继位为王，他在位时间不长，只有 7 年。为了表示感谢，祖庚临死时，把王位传给了弟弟祖甲。

祖甲在位 33 年，这时期最著名的战事便是征伐西戎。

西戎是古蜀人的天下。蚕丛氏，便是古蜀人的首领。他不屈服商朝人的控制，领导部族奋起反抗，结果弱不胜强，战死岷山，族人四处逃散，他们的一支，从岷山翻过玉垒山脉，进入四川盆地的西北部，来到了成都，伺机重新抗争。

而在今天的三星堆，的确出土了不少与蚕丛氏相貌一致的器物，如人像面具中的纵目式面具和椎髻左衽服饰等，这是否是蚕丛部族留下的生活遗迹呢？

祖甲死后儿子子先继位，也就是廪辛。

廪辛在位短短的6年期间，统治不太稳定，尤其是外部。西方一些部落不断攻扰商朝，廪辛发兵多次征伐，还征调卫、虎、受等几个部落出兵攻打。但是，始终没有将方国部落征服。

前1148年，廪辛死了，弟弟子嚣继位，也就是康丁。康丁在位仅1年，却组织了征伐羌方之战。

在武丁时期，羌方曾受到重创。但羌方就像打不死的小强，康丁时期在今陕、甘一带重新崛起，屡犯商王朝，常使商戍军遭到很大损失。

因此，羌方成为商王朝用兵的重点。康丁采取了积极防御策略，在抗击羌方的战争取得最后胜利，擒杀羌方首领，占领羌方部分土地，并派出与王族关系密切的逐、何等五族戍守。

但羌方并未被完全攻灭，成了商族的隐患。

廪辛死后，儿子子瞿继位，即是武乙。

在历史上，武乙以敢于破除迷信而著名。

那时候，巫教势力极大，经常假借天意钳制商王的行动，武乙便想方设法打击巫权。

有一次，他命工匠雕了一个木偶，状貌威严，冠服齐整，称作天神。

第二十七节 走向没落的帝国

他约天神和他赌博,又命令一个臣子代替木偶,作为天神来与他赌博。

赌博的结果可想而知,做臣子的当然害怕国王,步步退让,以大输而告终。

武乙指着木偶大笑说:"你既然是天神,怎么会输给我,如此不灵验,不配称天神。"然后命令左右痛打木偶。

又有一次,武乙命人制作了一只皮袋,盛满兽血,挂在树枝上,他亲自挽弓仰射,射破皮袋,兽血喷出,武乙掷弓大笑说:"今天,天被我射了一个窟窿。"

经过种种斗争,终于使巫权大为下降,王权大为上升。

武乙在位35年才死去,武乙的死因是一个谜团。一种说法是他到黄河、渭水之间去游猎,结果被雷击致死。而后世的一些学者认为,此说法很有可能是巫师们编造出来贬低武乙的。他们仇恨武丁对神权的打击,便编了个故事。从武乙晚年经常用兵于渭水流域的史料来分析,他可能死于征伐西方方国部落的战斗中。

公元前1113年,武乙死了,儿子子托继位,即文丁。文丁共在位11年,在此期间,西部的周部落强大起来。文丁继位以后,为了解除周人的威胁,采取怀柔政策。

周族酋长季历降服山西长治地区的余吾戎后,文丁嘉封季历为"牧师"。这里的牧师并不是指今天的基督教神职人员,而是地方伯长的意思,可以专征伐权。因此,周族的首领此后称西伯。受此激励,西伯季历愈战愈勇,先后降服了翳徒戎、始呼戎,继续扩大周族的领土。

有值得高调的实力,更要有低调的处世态度。这便是一种成功的做人之道。季历明显没有看透这一点,因此,他惹来了杀身之祸。

杀他者,就是曾经大力表彰过他的老领导——文丁。

文丁见季历领导下的周族势力越来越大,感觉不是好事,干脆突然下令囚禁季历,并杀了他。

这种做法很无奈,也很愚蠢,治标不治本,反而种下了仇恨,埋下了商王朝灭亡的祸根。

因为季历的儿子就是大名鼎鼎的周文王姬昌。是他,在渭水河边请到了直钩钓鱼的姜子牙,揭开了消灭商王朝的序幕。

公元前1102年,文丁死了,儿子子羡继位,他就是帝乙。

帝乙在位26年,此时,商朝继续走向没落,变得更加衰弱。位于商王朝东南的夷方先后联合孟方、林方等部落叛乱,反对商朝。

而西方的周部落更加强大,为了避免东西两方同时受敌,帝乙只好以和亲的方式与姬昌媾和,把妹妹嫁给了姬昌。姬昌也知道以周族的实力还不足以与商抗衡,便与商维持了表面上的友好关系。

帝乙在位末年,做了一件大事,那就是迁都于沫,也就是著名的朝歌,即今天的河南省淇县。

公元前1076年帝乙病死,死后由儿子子辛继位。子辛就是历史上大名鼎鼎的纣王。

他是商王朝的第31任国王,也是商王朝的末代国王。他便是《封神演义》里面的大反派,是他,失去了商王朝延续五百五十多年的江山,夺得他江山的便是周部落。

纣王很无辜,他吞下了爷爷文丁种下的恶果。

第二十八节 红颜并非罪太美

纣王，原名叫子辛，是商朝最后一位君主，做国王近30年，公元前1075年至公元前1046年在位。

纣王是位名人，中国上至百岁老者，下至五六岁的孩童都可能认识他。之所以纣王能如此出名，这得归功于明代许仲琳所写的《封神演义》。

《封神演义》是一部神魔小说，里面神仙众多，分为两派。一派是革命派，如小哪吒与二郎神，帮助周武王和姜子牙闹革命。一派是保守派，如申公豹，无视纣王的暴虐，全力维护商王朝统治。

史书中的纣王被极度丑化。如"纣"的字义便是"残又损善"。直白一点说，就是不干好事。

这是周族灭了商王朝后，周武王免费送给子辛的谥号。对曾经的对手，当然不会有什么好名字给他。

这也不怪周武王，毕竟商王朝也干过这事。想当年商汤灭了夏朝，便送给夏末国王姒癸一个谥号——桀，意思为残暴不仁，比纣的意思还难听。

这也好，跨越五个多世纪，子辛和姒癸成了难兄难弟，只要后人提到某位统治者太不像话，简直不是东西，就自然而然地想到了桀和纣。

不过，在史书或演义中，似乎前期的纣王并不是太坏，但自从他五十多岁时遇到了十五六岁的妲己，他就变成了一个变态狂。就好比约1800年后的唐明皇李隆基，在五十多岁时遇到了22岁的杨玉环，由一个英明的君主走向了昏庸。可见钱钟书老先生说的没错，老房子着了火，烧起来确实没得救。

而历代文字记载的纣王的变态举动太多，以至于让人怀疑，他是否有严重的"施虐狂"倾向？在此仅举几例。

第一，太过奢侈。不惜耗巨资修建豪华的宫殿园林，更建超豪华建筑——鹿台，并造酒池，悬肉为林，池中荡舟，喝酒吃肉。

第二，刚愎自用。听不进异己意见，杀叔叔比干，囚堂哥箕子，还使用炮烙等酷刑，镇压人民。所谓炮烙，发明者不是纣王，而是妲妲，即将铜柱横放在炭火之上，烧红后将赤脚之人赶上去，结果必然跌入炭火中。

第三，暴虐无道。据说，他为了观察正在成长的胎儿，竟残忍地让人剖开孕妇的肚子；他想知道冬天光脚过河的农夫为什么不怕冻，竟叫人砍掉他的双脚，砸骨验髓。

总而言之，纣王最终身死国灭，纯属咎由自取，怨不得旁人。而事实是否如此呢？

孔子高徒——子贡挺有良心，曾为纣王打过抱不平，"帝辛之不善，不如是之甚也。是以君子恶居下流，天下之恶皆归焉。"

宋人罗泌在《桀纣事多失实论》中认为："帝辛大造宫殿，建酒池肉林，宠信女色，囚禁贤人，残害忠实等罪恶，与桀的罪恶如出一辙，凡桀的罪，就是帝辛的罪，桀纣不分，这些都是出于模仿。"

翻开《尚书》《史记》等,我们便可发现,夏桀有的罪商纣王都有,而夏桀没有的,纣王也有。因而,纣王是升级版的夏桀。

但即使历史再加篡改,从中仍能看出一些蛛丝马迹的真相。

其实,商亡是必然的,而整个商族,由于数百年的兴盛,疲态尽显。奢侈享受、贪生怕死、自私短视,更因集体好酒,一派衰落腐朽的模样。

月盈必亏,人老必衰,国老必败。因此,商亡是必然的,纣王只是适逢其会,换了任何人,都无法挽救商王朝的命运。

在这一点上,纣王与明末崇祯帝有惊人的相似之处:比起前几任帝王,都勤政、英明得多,但都"适逢其会",做了亡国之君。

其实纣王也有可能避免成为亡国之君,因为他是帝乙的小儿子,之所以他可以继位,是因为他老妈是正后。而微子启才是帝乙的长子,他最有资格继位,但他的母亲地位低下,因此帝乙没有选他为继承人。

其实,当时商朝的继承制度,似乎只分长幼,而不分嫡庶。也许帝乙选择子辛,便是看中他的英武。连《史记》这类传统史书都不得不赞他文武双全。在文方面,他博闻广记,才思敏捷。在武方面,他身材高大,臂力过人,竟可以手格猛兽。

商朝的继承制度本来就较为混乱,而此次帝乙弃长立幼,虽然有他的理由,但或许这已成为商族内乱并最终灭亡的隐患。

子辛继位后,定都于沫,后改沫邑为朝歌(今河南淇县)

157

子辛接手的大商帝国早已内忧外患，千疮百孔。不过子辛确实是个好领导，他重视农桑，社会生产力发展，国力渐渐强盛起来。

但有两件事让他最为头疼，第一，在帝国之外，东南的东夷势力强大起来，便向中原地区拓展。第二，在帝国之内，西北的周族不臣之心愈加明显，吞并了周围邻近部落，势力越来越大。

攘外之前先选择了安内。子辛之兵锋首指周族。周文王姬昌曾与纣王在山西黎城恶战一场，被打得大败，而正史所载的文王被俘，并因于羑里很可能就发生在这场战争后，最终姬昌很可能被纣王处死，而不是像史书上所说的那样被释放回家。此战子辛志在必得，周族之生死，悬于一线。

也就是在此时，东夷在周族的怂恿之下，趁机作乱，气势汹汹，子辛只好暂时放过表面服软的周族，掉头东征南伐，对时常侵袭至王畿的东夷进行讨伐，决心倾全国之力以期灭掉百年来的肘腋大患。这实在是一个糟糕的决定。

于是，子辛举全国之力发起对东夷用兵，最终打败了东夷，遏制住其向中原拓展的野心，把商朝势力扩展到江淮一带。特别是讨伐徐夷的胜利，把商朝的国土扩大到山东、江苏、浙江、福建沿海。

子辛对东南夷的用兵，很成功，不仅保卫了商朝的安全，又把中原先进的生产技术和文化向东南传播，从而推动社会进步和经济发展，促进民族融合，难怪有人将子辛称为统一古代中国的先驱者。

但征伐东夷这场战争整整持续了十几年之久，这场胜利几乎将商王朝所有的精力消耗殆尽,虽然是战胜者,俘虏、财货无数,但帝国已成空架子。

正如《左传·昭公十二年》:"受克东夷而陨其身。"把对东夷的战争,说成是子辛失国身亡的原因,足见子辛对东夷的战争,使商朝的实力消耗很大。

当缓过神来的周武王根据微子启的告密,趁子辛力克东夷后,兵力损耗大半,未及休整训练,发动突然袭击,率师打到牧野。

而当时商王的精锐之师远征东南,不可能及时赶回,因此,子辛无奈,只好将众多东夷战俘及奴隶临时武装起来应战。

即使如此仓促应战,牧野之战依然打得异常惨烈,正如《尚书》上所描述的那样,"流血漂杵,赤地千里",绝非后世史书上所说的什么奴隶临阵倒戈,周武王兵不血刃赢得胜利。

不过,据说此战商军的前敌总指挥竟然是叛徒微子启,可见,商军要想不败,子辛要想不死,真的好难好难。

最后的结局必然是个悲剧,子辛不肯投降,他选择有尊严地死去,所以自杀了,自焚于鹿台。但周武王并没有放弃对失败者的侮辱,用斧头砍下了子辛的已烧焦的头颅,向商人示众,以炫耀自己的胜利。随着子辛的死亡,大商帝国的大厦轰然倒塌。

子辛死后,周武王为了表示他出师的正义性,在《尚书》中开列了子辛的六条罪状:第一是酗酒;第二是不用贵戚旧臣;第三是重用小人;第四是听信妇言;第五是信有命在天;第六是不留心祭祀。欲加之罪何患无辞,可是这些对子辛的指控就算全部定罪,也不过如此,与后世对子辛的批判,相差太远。

可见子辛的罪状是"千年积毁"的结果,是"层累地造成"的结果,那么,人们自然而然地要问:谁在抹黑子辛?

毋庸置疑,抹黑者首推周人。对大商的仇恨、对子辛的畏惧,使得周人不顾一切地诋毁、抹黑自己强大的、天神一般的对手,以建立战略联盟,激起将士的同仇敌忾,减轻自己的畏惧和恐慌。

而初立的西周,崇尚神学,如同历朝历代,为了给自己的国家打出顺应天意的口号,那么自然要将前代国家抹黑,让人民都认为自己是替天行道,这样就可以达到巩固自己统治的作用。

抹黑子辛的第二主力是叛徒、内奸,此类首推王党内部的叛逆者。重要代表则是以微子、箕子、比干为首的王族。

箕子与微子、比干,在殷商末年齐名,并称"殷末三仁",这是一群帝祖甲礼制改革的牺牲品。本来,按照商王朝"兄终弟及"的传承方式,这群人是离王位最近的。尤其是微子,是帝乙的长子,本来是最有希望称帝的。这些王族,都对王位虎视眈眈,心怀不轨,因此,子辛对微子一系的打击、排挤,绝非是昏庸而远贤亲佞,而是政治斗争的必然结果。

而微子、箕子、比干等也绝非孔子口中的贤人,而是一群因个人利益出卖国家利益的"商奸"。

故此,周兴商灭后,这几位商奸也得到了周王朝的奖励。微子启被封于商朝故地,封为公爵,建立宋国,统率商族遗民,都城为商丘。远避东方的箕子则被周武王封为朝鲜的国君。而已死多年的比干则被武王封为国神。

第二十八节 红颜并非罪太美

抹黑子辛的第三类人，则是战国诸子。先秦诸子大多逞口舌之快，出于对证明自己观点的需要，先秦诸子都喜好以历史为例，便将子辛列为常用的反面典型。

为证明仁义重要，就举子辛不仁不义的事例；为证明尚贤、用贤的重要，就举子辛残害忠众以亡国的教训；为证明天道亡国，就制造子辛剖肚砍脚的实例；为证明防微杜渐的作用，就制造子辛制作象牙筷子的事例。

反正子辛已是浑身屎粪，多泼几瓢又有何妨？于是，大家都已习惯泼粪，将能想象到的千奇百怪的罪名都加诸子辛身上，由此造就了"千年积毁"的商纣王。

俗话说，夫唱妇随，受纣王连累，被顺便拉下水的还有妲己。

妲己，有苏部落的一位公主。据《左传》记载，公元前1047年，商纣王发动大军，攻击有苏部落。有苏部落抵挡不住强大的商军进攻，在灭亡和屈膝投降间，有苏部落首领选择屈膝，献出牛羊、马匹及美女妲己。苏妲己是当时难得一见的纯天然美女，美丽本无罪，但史载，纣王正是因为老夫遇到少妻，沉迷于苏妲己的美色，才渐渐荒理了朝政。于是，妲己的美与商的灭亡成了因果。

此后，历代文人，仅凭臆断和想象，便一步步地坐实了妲己的罪孽，并且让她抢了夏末妖姬妹喜的风头，背负起千古第一妖女的骂名。

而若照《封神演义》的说法，妲己则是千年狐精附体，受女娲之命来祸乱殷商的，纣王因此才变得如此乖戾，做出那些残忍的事来。

红颜罪太美？其实不然。说来妲己真是冤枉。周文王和周武王立誓要灭掉商朝，是为了实现其政治野心，也为解决其私人仇恨，丑化妲己只是他们的一种政治手段而已。

　　商朝灭亡的最终原因，是其大政方针的错误，大力经营东南，重心已经转往长江下游地区，使得中原一带空虚，周人才得以乘机蹈隙。

　　后世硬是把商朝的亡国，推到一个美丽的女人身上，就常识的观点看，也是很难使人苟同。或许妲己入宫以后，由于争宠而与其他的妃嫔引起纷争，那些失宠的妃子各有氏族背景，因而加深子辛与诸侯小国之间的冲突。但如果硬要说妲己是亡国的红颜祸水，未免太高估她的能力了。

　　无论原因为何，商王朝都已灭亡，关于它的历史大戏正式谢幕。接替它的周王朝正式登上历史的舞台，成了此后华夏数百年历史的主角。据说，周朝极盛时，所占疆域已达上百万，绝对是那个时代的世界第一强国。

　　那么，周族是如何从一个偏安西隅的小部落成长为一个统治全国、傲视世界的大帝国呢？

第二十九节 周族的成长简史

周族发源于中国的西部，早先居住在今天的河南西部和陕西东部，这和发源于中国东部的商族正好相反。不过，据古书记载，周族和商族的始祖却是亲哥俩。

周人的始祖叫作弃，也就是后稷。商人的始祖叫作契。弃和契是同父异母的兄弟。二人的老爸便是黄帝的曾孙帝喾，只不过弃是帝喾的大老婆姜嫄生的，而契的老妈则是帝喾的二老婆简狄。

虽然这哥俩的老妈不同，但他们出生的过程却都很蹊跷。契是老妈简狄吞鸟蛋后怀孕生出来的，而弃的出生更让人难以置信。因为他竟然是他母亲姜嫄踩到一个神奇的大脚印后孕育的。据说，姜嫄踩到这个大脚印后，突然感觉好像有一股电流涌过全身，回家后不久就怀孕了，十月怀胎，生下了一个男孩。

弃和契都是非正常出生者，但弃的命运却比契坎坷多了。他老妈姜嫄以为儿子是妖，所以在一生下他后，就把他扔到了一个小巷子里，想让来往的牛马踩死他，可是从巷中过往的牛马却全都绕着走，绝不踩到婴儿身上。后来姜嫄派人把他丢到山林中去，可正巧碰上山中人多没丢成。最后将婴儿抛到河冰上，又忽然飞来一只大鸟，用自己丰满的羽翼把婴儿盖住，以防婴儿冻僵。姜嫄得知后，以为这是神的指示，便将婴儿抱回精心抚养。因最初本是要抛弃他，所以给他起名叫"弃"。

在《诗经·大雅·生民》中记载，弃还在儿童时，就喜欢种树麻、菽等农作物。长大成人后，他善于根据各种土质，去种植多种粮食作物，老百姓都向他学习。于是，尧便任命他为农师，舜则赐他封号为后稷，表彰他的功勋可与帝王相当。稷，农作物的一种，也就是粟，也有的说是不黏的黍，还有的说是高粱。后稷善于种植多种粮食作物，不仅使五谷获取了丰收，而且掌握了粮食的春播、夏管、秋收、冬藏，总结了一套圆满的农事活动经验，他开创了万古不朽的农耕伟业。因此，他被后世尊为"百谷之神"。民以食为天，后稷可以说是中华民族几千年帝业的根基，因此产生了"江山社稷"这一说法。

周族发展的过程也是一个迁徙的过程。

后稷时期，周族居于邰（陕西省武功县西南）。

到了后稷的儿子不窋时期，适逢夏末商初，夏亡商兴，作为夏朝的属国，周人受到牵连，被迫西迁，不窋率族人来到了现在甘肃庆阳一带从事农耕，在那里，周人与当地的西戎和北狄混居在一起。但西戎和北狄的大多数部族都靠游牧为生，周却是农耕民族，因为生活习惯不同，经常会闹矛盾起冲突。

因此，到了不窋的孙子公刘时期，周族又开始了一次新的迁徙。这次，他们是东迁，最终落脚在泾水流域的豳（今陕西旬邑）。来到豳地，公刘见这里背风向阳、土地肥沃、

第二十九节 周族的成长简史

物产丰富,又能容众多人口,就向族人宣布在这里定居下来。此后,公刘又利用日影看山冈、定南北、观水相、测量低地和高原、划田界、开荒种田,光大后稷开创的农耕事业,自此中华民族游牧农业转入定居农业,后人将公刘称为人祖,又称其为中华民族定居农业鼻祖。而在此时,在公刘的带领下,周族已经有了自己的武装,并建设了宗庙,从此,周族进入了建立国家的阶段,开创了豳国300多年的历史。

自公刘起,又经九世传位,到古公亶父为部族首领时,周族的势力有了进一步的发展,已成为商朝西部的强大方国,但周对商朝的统治若即若离,因为在殷墟甲骨文中,有时称其为周方,有时又称其为周侯。而商代称方者便是不服从者,称侯者就是臣服者。但周族的强盛之下也隐藏着危机,因为早在周族东迁之时,西戎、北狄的势力便接踵而至,很快,周族就被那些游牧民族给包围起来了。

为了避免冲突,尽量减少流血牺牲,古公亶父选择了忍让,三番两次地向戎狄进贡珠宝和牲畜,希望各族之间能和平相处。但戎狄不讲信用,贡物照收,但仍然多次侵扰周族的土地。古公亶父无奈,慎重考虑后,毅然率领部族再次向东南方向迁徙。他们历尽艰辛,越过漆、沮和梁山,迁至渭河流域岐山以南的山脚下,这便是周朝的发源地——周原,位置在今天的陕西省岐山、扶风两县境内,自此,"周"的概念产生了。"周"字最初写法是:上田下口,上下合成,后来演变为"周"字。周原物产丰富,土地肥沃,灌溉便利,农耕条件优越,经济发展快速。古公亶父在周原造田营舍,建邑筑城,国力迅速恢复壮大。这便是历史上著名的古公迁岐。此后周族的历史掀开了新的一页,仅仅经过了三代人的努力,便推翻了商王朝而建立了西周王朝。

迁到周原以后,周与商随着地理位置接近,联系也愈加紧密,为了保障部族安全,古公亶父与中原共主的商朝建立起稳定的同盟关系,卑事商王武乙,在商的保护下积聚力量,并且接受了商朝的文化系统,特别是有关于天命的观念,周朝建立之后,这套天命观念经过了周公旦的整理,成为立国的政治法理基础,进而形成了影响后代王朝数千年"奉天承运"的君权神授概念。

古公亶父之时,周部落已颇具规模。他有三子,偏爱小儿季历。长子太伯及次子仲雍为顺父意传位与季历,自身逃亡荆蛮,与当地本土氏族结合,后为吴国。而根据《竹书纪年》以及民国之后疑古派顾颉刚等人的看法,此时期的周国已经有了"翦商"的想法,吴国的建立则是打算建立西、南两个战略方向的结果。

古公亶父死后,三子季历即位,商周关系开始密切,《后汉书·西羌传》载:古公亶父传位季历,季历不仅与商联姻,娶妻商室,还被商王文丁封为"牧师",成为商王朝在西方最重要的一位方伯,所以季历在甲骨文中有时又被称公季。可见,周此时已是商朝属下一强大方国。

周商虽然关系日趋密切,但两者却都心怀鬼胎。殷商总是时刻提防着这股新生力量,而周国、吴国也逐渐并吞其他小国家,特别是亲商的诸侯国。日渐强大的周与日渐衰落的商,还没有渡过蜜月期,就开始相互猜疑,相互指责,进而相互征伐。最终,商王文丁为扼制周族势力发展,以保商朝地位

第二十九节 周族的成长简史

不受威胁，杀了不再那么听话的季历，周商矛盾陡然加剧了。

季历被杀后，儿子姬昌继位，杀父之仇不共戴天，他当然想复仇，可惜国力不足与殷商对抗，所以只好隐忍，向商认错服软。而刚继任的商王帝乙此时也焦头烂额，因为东夷造反，声势很大，而此时姬昌假如乘机煽动西部诸侯造反，后果将不堪设想，所以帝乙便大力拉拢姬昌，既让他继承西伯头衔，又把自己的妹妹嫁给了姬昌。两国的联姻，使一度紧张的局面暂时平缓下来，但这却不能从根本上解决殷商对周的戒备之心。

帝乙死后，儿子帝辛即位，这便是历史上被丑化到爆的商纣王。商纣王上台后，大刀阔斧，内整箕子、微子、比干等王族反对派，外伐对商不忠不顺的诸侯方国。为了震慑势力快速膨胀的周族，纣王一度把姬昌囚禁在羑里，并杀他的大儿子姬考作为肉汤、逼迫姬昌喝下。此后，周人以宝马、美女贿赂商纣，方才求得释放姬昌。

姬昌归国后，谋商之心并无松懈。他在首席谋臣姜子牙的辅佐下，一方面倡导发展生产，制定"有亡荒阅"之法律，大肆搜捕逃亡奴隶，防止劳动人口流失，增强周族实力，使周国附近一些部落归附。另一方面进行武力扩张，根据《尚书》记载，周国先讨伐西方犬戎及密须、等小国，以固后方，接着东伐耆国（在今山西长治西南）、又伐邘（即盂，在今河南沁阳），最后伐崇国，深入到商朝势力范围。此时周国已"三分天下有其二"，姬昌便迁都于丰都，并自称为王，准备进取殷商，他便是历史上的周文王。

但在刚把首都迁到丰的第二年，即公元前1056年，文王便生病死了，未能完成夙愿。姬昌的次子姬发即位，这便是历史上的周武王。武王在岳父姜子牙的辅佐下，历经十年磨砺，率兵会盟军于孟津（今河南孟津），前1046年，周武王率戎车三百，虎贲三千，甲士四万五千与商朝七十万军队大战于牧野（今河南汲县）。周军大胜，纣王于鹿台身披珠宝玉器自焚。

自此，商朝灭亡了，新王朝即将建立。因为周部落在古公亶父时迁居于周原，武王灭殷以后，就以"周"为朝代名，崭新的周朝自此诞生了。

商灭夏，周灭商，天道循环。但两者情况却又有所不同。成汤在灭夏后，基本吞并了夏地，但周武王只是乘虚而入占领了商朝的王畿而已，商在东方和北方还有大量的同族和友好的诸侯存在。而商纣王在攻灭人方时，驻扎在东夷地区的军队据说也有数万甚至十余万人，因此，周此时是无法一口把商给彻底吞并了的。

那么，新兴的周如何才能站稳商朝故地，使这个统治时间长达五百余年的大国不再死灰复燃呢？

第三十节 封建制度的创立

公元前1046年，武王姬发灭了商，此时他41岁，可谓正是年富力强之时。意气风发、雄心勃勃的他对大周王朝的前景充满憧憬，但灭商之后的当务之急当然不是继续扩大版图，而是先慢慢消化、巩固胜利成果。

为了显示新朝新气象，武王在沣河东岸又修建了镐京（今西安市长安区西北），丰镐二京隔水相望，有桥相连，并称丰镐城，又称为宗周。公元前1045年，镐京建成，武王便定都于此。

此后，武王便与身边的智囊团研究大周王朝的长治久安之计。武王身边有四大能臣，即周公姬旦、召公姬奭、太公姜望、毕公姬高。

姬旦是周文王姬昌第四子，是武王姬发的同母弟，他的儿子姬禽受封于鲁国。姬奭则是文王的庶子，即是武王姬发的同父异母弟，受封于燕国。姬高是周文王第15子，周武王姬发异母弟，受封于毕国。在这四人之中只有太公望属于外臣，太公望即姜子牙，但他却是周文王倾商、武王克纣的首席谋士、最高军事统帅与西周的开国元勋，受封于齐国。

俗话说，三个臭皮匠，顶得上诸葛亮，何况众贤齐集？大家在一起集思广益，开动脑筋，创造性地设计出了分封制，这就是国王分封诸侯的制度。通俗地说，就是帝王分给大臣一块地盘，让他代替自己前去管理，并对自己一人负责。这是一个可以很好地稳定天下的办法。

不过，此制度也有一个弊端，那就是在各个诸侯的地盘内，帝王并不能直接行使自己权力，而要通过他所分封的那位诸侯来落实、实行。也就是说，被分封的诸侯，在自己的地盘内，是拥有至高无上的权力的。所谓我的地盘我做主，一切事情都由他自己说了算。但是，这并不意味着他就可以为所欲为，脱离中央政府的管辖，在王权强大的时代，天子完全有能力废黜任何一个不听话的诸侯。作为一方诸侯，除了要听从天子的调遣外，还要按时朝见、进贡、跟随天子出征等。

那么，如此高规格的封赏，都有什么人才有资格呢？当然，一般人都是不够格的。能够有资格被分封的人，不是天子的宗室成员就是做出突出贡献的王公大臣，如周公封鲁，太公封齐。此外，武王又对上古圣贤君主的后代实行大分封：如将神农氏的后人封于焦，黄帝的后人封于祝（江苏赣榆），尧的后人封于蓟（天津蓟州区），舜的后人封于陈（河南淮阳），夏朝的后人封于杞（河南杞县）。

《史记》中便有《陈杞世家》记载陈国、杞国两国的历史，而杞国更是以"杞人忧天"的故事深留人们记忆中。杞国微小，《史记》对杞国的描述只有二百七十多字。这样的小国，在周围强邻的压迫下，被迫屡次迁徙。"杞人忧天"这个成语虽说往往用来形容庸人自扰的无谓担忧，但也有人认为，这和杞国多经磨难而造成的国人忧患意识有关。

分封诸侯好处很多，主要在两个方面：首先是可以稳定天下的局势、拱卫王室。如果一次性在全国分封几十个诸侯，这就好比在全国设立了几十个周王朝的大据点，如果谁不老实的话，消息立马就会被上报给周天子。甚至有的时候，被分封的诸侯就可以直接把他给干掉。再者就是加强了天子对地方的控制能力，扩大了周王朝的疆土。这相当于武装移民，因为每一个诸侯国都是一个根据地，他们可以以此为据点，对外进行扩张，达到扩充自己地盘的目的，进而增强自己的实力。这也就间接地扩大了周王朝的疆域。

当然周初分封诸侯时，也有无奈之举，如楚国和蜀国，这两国离中原较远，比较桀骜不驯，对周王朝并不顺从，但周也无力征伐，便赏封爵加以笼络。

此外，为了安抚商朝残余势力，同时加以监视，武王对商王族实行了优待政策。武王首先将死于纣王之手的比干改葬，又释放被纣王禁锢的箕子。接着，武王自动退出殷都，整修了商纣宫殿，将纣王的儿子武庚安放在商朝的首都殷（河南安阳），继续统治商民，此项措施更是赢得了商朝遗民的欢心。

但这毕竟只是权宜之计，武王不会对武庚放心，他不会相信武庚会就此甘心俯首。

因此，在武庚的殷都朝歌周围，武王又分封了自己三个弟弟：朝歌以东地区，封管叔姬鲜于管（河南郑州）；朝歌以西地区，封蔡叔姬度于蔡（河南上蔡）；朝歌以北地区，封霍叔姬处于霍（山西霍州）。这三国对朝歌形成了C型包围，共同监视武庚，这便是历史上著名的"三监"。史传周文王有百子，而可考证的儿子只有17人。而在这17人当中，有十个都是太姒所生。长子姬考（伯邑考），被纣王所杀。次子姬发，即周武王。三子姬鲜（管叔），封管国。四子姬旦，即周公，他的儿子封鲁国。五子姬度（蔡叔），封卫国，后叛乱被放逐。他的儿子姬胡又被封于蔡，为蔡国始祖。六子姬振铎（曹叔），封曹国。七子姬武（成叔），封郕国。八子姬处（霍叔），封邶国。九子姬封（康叔），封康国。十子姬聃埌，封沈国。

对于武王来说，担负监视武庚的三个弟弟是可以让他绝对放心的人。因为管叔姬鲜、蔡叔姬度、霍叔姬处这三个人都是他的同父同母弟，他们的老妈都是文王的正妃——太姒。但是武王却怎么也没有想到，差点把新生的周王朝推入灭亡深渊的，便是他的这三位可爱的亲弟弟。

第三十一节 东征缘于"红眼病"

公元前 1043 年,西周建立才三年,武王姬发英年早逝,年仅 44 岁。

儿子姬诵继位,史称周成王,此时,他年仅 13 岁。幼王继位,难控朝局,大臣辅政,在所难免。周公姬旦、召公姬奭、太公姜望、毕公姬高便为四大辅政,而政事决策权则在武王的弟弟周公姬旦之手,称为"摄政"。

权力这东西很可怕,无论得失,往往都容易让人丧失理性。现在,掌控朝局的权力在周公之手,便有不少王室成员犯了"红眼病"。"红眼病"最严重的是管叔姬鲜,在他看来四弟姬旦大权独揽,绝对存心不良,一定是意欲抢班夺权。

管叔之所以如此郁闷,自然有他的理由。在他看来,目前侄子姬诵年幼,确实不适合继位,而最适合继任的国王人选应当是他。因为大哥姬考被杀后,二哥姬发继任周王,现在二哥死了,按照兄终弟及的惯例,继任者当然应该是他这个老三了。

而现在老四姬旦却近水楼台先得月,跨过他这个三哥,当了摄政,管叔当然心有不甘。于是他到处散布流言,说周公欲谋害成王,窃取王位。

管叔当然知道只凭自己一人之力难以掀翻这个能力超强的四弟,便积极煽动五弟蔡叔、八弟霍叔入伙,而蔡叔和霍叔对四哥姬旦也有诸多不满,因为老四制定的礼制规矩太多,严格地限制了他们这些诸侯的势力。于是,这哥仨几番"眉来眼去",便组成了一个反对老四的三角同盟。

三监的异动早被他们负责监视的对象——纣王之子武庚觉察。武庚不禁心花怒放,他早有复国的野心,一直等周族内讧的这一天,等得花儿都谢了。如今见有机可乘,他怎能错过?

于是,武庚便积极地与管、蔡联络沟通,尽情抒发对周公的不满,同时自然免不了表达自己对以蔡叔为首的三监的敬仰之情。虽然他们各怀鬼胎,但最起码有一个表面的共同目的,那就是匡扶王室,反对姬旦。

前1042年秋季,武庚认为时机已成熟,联合三监,又联合了商朝东方旧属国——奄国(今山东曲阜旧城东)、蒲姑国(又作薄姑,今山东博兴东南)及徐夷、淮夷起兵反周。叛乱势力遍及今河南、河北、山东、安徽等地,史称"三监之乱"。

此时的周王朝可谓是人心惶惶,风雨飘摇。此时,姬旦日子最不好过,来自各方面的压力,重超五岳。

在外,武庚及其属国气势汹汹,志在复国。在内,不仅有管叔、蔡叔、霍叔等王族的反叛,即使是年幼的成王姬诵也对他这位专权的叔叔心存不满,甚至召公姬奭、太公姜望、毕公姬高也对他心存怀疑。

攘外必先安内,内部团结一致才是战胜外敌的前提。周公寻找机会,对太公望、召公奭诉说自己的心声,之所以自己摄政,是因为武王早逝,成王年幼,为了完成稳定周朝之大业,他不得不这样做。待成王成人、局势稳定之后他会立即归政。周公的坦诚最终取得了太公召公两人的信任,周王朝的领导核心达成了一致。

此后,周公便开始制订扑灭叛乱的计划。他让召公留守镐京,处理后方政务;授予太公望(姜子牙)以征伐叛逆的权力;并昭布天下,联络和调集各地诸侯,于前1042年秋亲自率师东征叛军。

在出征前的占卜仪式上,周公向臣子做了一番战前讲话,他说:"殷人刚刚恢复了一点儿力量,就想趁着我们内部混乱,起来造反。重新夺回他们已经失掉的权位,说什么他们'光复旧业的机会到了'!妄图再让我们成为他们的属国。这是白日做梦!我告诉大家,殷人里头有一伙人,愿意出来帮助我们,有了他们的帮助,我们一定能够平定叛乱,一定能保住文王和武王的功业。我们小小的周邦,是靠了上天的保佑才兴盛起来的,我们承受的是天命。为了这次出征,我又占卜了一次,卜兆表明,上天又要来帮助我们了,这是上天显示的威严,谁都不能违抗,你们应该顺从天意,帮助我成就这个伟大的事业。"

周公的话,被史官记载下来,这就是《尚书》里的《大诰》。

战前动员的核心一般都是强调己方在战争中的正义性和必胜性,从而取得民心,激励士气,这对一场战争的胜负起着很关键的作用。

拿破仑便是战前动员的高手。远征意大利是拿破仑上任后面对的第一场大型战役。然而,常年积雪的阿尔卑斯山和缺粮少弹是他最大的敌人!一位将军在给法国当局的信中写道:"如果每个人都知道这里有多少士兵死于饥饿和疾病,法国会战栗的。"

而在出征前，拿破仑发表动员演说："士兵们，你们没有衣穿，吃得也不好，政府欠下你们很多东西。你们在这些悬崖峭壁间显示出来的勇气和坚忍力量是令人惊叹的，可是这并没有给你们带来任何荣誉，现在胜利的光辉还没有照到你们身上。但是，我想带你们到世界上最富饶的国家去，富饶的地区和繁华的大都市将受你们的支配。你们在那儿将会得到尊敬、荣誉和财富。士兵们！难道你们的勇敢精神和坚忍力量不够吗？"

拿破仑的战争动员使这些饥饿的士兵有了奔头和盼头，那些萎靡不振的士兵重新斗志昂扬，军心动摇的团队唱起了效忠王室的国歌。经过努力，拿破仑终于把这支"叫花子军队"改造成为一支共和国的军队。近期的困难算不了什么，让将士们知道战争的前景，胜利的前景，就可以激发他们奋勇战斗的求胜心。

二战时期丘吉尔的演讲堪称经典，敦刻尔克撤退成功，随后丘吉尔旋即发表了他在二战中最鼓舞人心的一段演说："这次战役尽管我们失利，但我们决不投降，决不屈服，我们将战斗到底，我们将在法国战斗，我们将在海洋上战斗，我们将充满信心在空中战斗！我们将不惜任何代价保卫本土，我们将在海滩上战斗！在敌人登陆地点作战！在田野和街头作战！在山区作战！我们任何时候都不会投降。即使我们这个岛屿或这个岛屿的大部分被敌人占领，并陷于饥饿之中，我们英国舰队和保护的海外帝国也将继续战斗。"

经过充分的宣传动员后，周公把东征大军组织起来，并亲任统帅，挥师东进。

周朝军队于约前1042年年底来到黄河边。黄河正好封冻，

第三十一节 东征缘于"红眼病"

大军踏冰渡河,顺利抵达孟津,殷人望风而降。

约前1041年年初,周军继续东进,直取朝歌。朝歌城内的殷人大为震惊,武庚已由进攻转为防御,连忙组织军队抵抗。经过激烈厮杀,最终周军击溃武庚所部人马,武庚被杀。

周公同时分兵一路直取管叔驻地卫,迅速消灭了管叔的武装,占领了城邑,管叔也被杀死。接着周朝军队攻克蔡叔驻地鄘,捉到蔡叔将他囚禁在郭凌。此时霍叔见势不妙,便退出了反叛集团。但这只能算是犯罪中止,依然要接受惩罚,不过和两位哥哥相比,他所受惩处较轻,仅被废为庶民,三年不得录用。

周朝军队如此迅速地击败武庚及"三监之乱",这对以奄国为首的东方叛乱势力是一个极大的震慑,便匆忙退守自保。然而,周公却不会放弃大好时机,干脆一劳永逸,彻底解决后患。故此,周公意欲扩大东征战果,一举消灭其他反叛力量。

东部主要反叛势力是奄国(今山东省曲阜市旧城东)。奄国不仅是东方大国,更是商王朝非常重要的组成部分。根据《竹书纪年》记载:商王南庚、阳甲都曾建都于奄,然后盘庚才迁到今河南安阳的殷。商朝第十八任君主南庚将国都由邢迁到了奄,盘庚迁都殷之后,南庚之子却没有跟随,而是留在故地,继为奄国之君了。故史书常称奄为"商奄",就是因为奄的祖先曾为商王之故。

因此,周公原计划擒贼先擒王,先向东伐奄国。而大臣辛公甲提出建议:"大国难攻,小国易攻,不如先攻下小国以孤立大国。"周公觉得辛公甲言之有理,便采纳了他的意见,改变计划,决定先攻淮泗间(今苏北、皖北地区)的九夷(包

177

括徐、熊、盈等小国)。

于是周公挥师东南,进攻九夷。九夷诸小国实力虽然不强,但由于在此之前,他们长期与商朝作战,其军队数量虽少,战斗力却很强,且对当地的地理非常熟悉,善于在低洼河湖地带作战,而周军车兵行动不便,且士卒多有水土不服,因此攻九夷之战非常艰苦,但经过连续作战,九夷终被征服。

征服九夷之后,攻灭奄国已势在必行。约前1040年,周军北上攻打奄国。周军占领奄国西、南两边的邻国。奄国势孤,国君被迫投降。周公灭奄后,对奄人的惩罚是相当残忍的。史载周族俘奄人之强壮男子,去其睾丸,不令生育,用作奴隶以伺候主人,故叫阉人,故"奄"又通"阉"。不过毕竟奄人在山东居留数百年之久,其在山东一带还是留下了不可磨灭的痕迹。如奄人善腌菜,故称腌菜。至今在奄国故地的山东人及北方人都叫我为"俺",我们为"俺们",即来自古奄人的自称。奄灭亡后,奄人四散迁徙,遗族主要是逃往南方,大部分奄人从今山东曲阜县逃到了江苏常州市,直至约五百年后春秋末期吴王寿梦灭奄。故此,在今天的江苏常州市东南三十里处有淹城。

周公灭奄后,丰(今山东省青州市西北)、蒲姑(又作薄姑、敷古,今山东省博兴县东)等国也相继投降。至此,周公东征完美收官。

周公东征持续了三年,不仅平定了管叔、蔡叔、武庚联合的武装叛乱,而且消灭了参加叛乱的五十多个小国,把周朝的统治地区延伸到东部沿海地区。它是继武王伐纣之后最大的一次军事行动,镇压了商朝贵族残余势力的反叛,巩固

第三十一节 东征缘于"红眼病"

了周朝的统治。在作战指导上,周公团结内部、各个歼灭、军事攻势与政治争取并举的谋略,以及先弱后强的作战指导思想,均丰富和发展了我国古代军事思想。

而《诗经·东山》一诗则记载了此次战争的艰辛,今日读起来依然让人动容。其译文如下:

"自我远征东山东,回家愿望久成空。如今我从东山回,满天小雨雾蒙蒙。才说要从东山归,我心忧伤早西飞。家常衣服做一件,不再行军事衔枚。野蚕蜷蜷树上爬,田野桑林是它家。露宿将身缩一团,睡在哪儿车底下。自我远征东山东,回家愿望久成空。如今我从东山回,满天小雨雾蒙蒙。栝楼藤上结了瓜,藤蔓爬到屋檐下。屋内潮湿生地虱,蜘蛛结网当门挂。鹿迹斑斑场上留,磷火闪闪夜间流。家园荒凉不可怕,越是如此越想家。自我远征东山东,回家愿望久成空。如今我从东山回,满天小雨雾蒙蒙。白鹳丘上轻叫唤,我妻屋里把气叹。洒扫房舍塞鼠洞,盼我早早回家转。团团葫芦剖两半,撂上柴堆没人管。旧物置闲我不见,算来到今已三年。自我远征东山东,回家愿望久成空。如今我从东山回,满天小雨雾蒙蒙。当年黄莺正飞翔,黄莺毛羽有辉光。那人过门做新娘,迎亲骏马白透黄。娘为女儿结佩巾,婚仪繁缛多过场。新婚别提有多美,重逢又该美成什么样!"

居安思危,为了彻底消除商朝残余势力对周朝的隐患,周公于公元前 1038 年开始在洛水北岸营建洛邑(成周,今河南洛阳),作为周的东都,以便加强对东方的统治。此后,周公又实行了周初的第二次封建。封投降周朝的商朝贵族微子启于宋(今河南省商丘市),建立宋国;封周武王少弟康叔于朝歌,建立卫国；封周公长子伯禽于奄国旧地，建立鲁国，分治殷民。周公特意把第一次封建的一些封国向东移，部分更远至东方海边，借此扩大统治范围，并将殷人的封国包围其中，以防其再生叛乱。如将另一大国蒲姑的故地封给姜子牙之子吕伋，建立齐国。而召公得封的燕国，疆域范围更是偏东，大致为今天的北京、天津全部，河北、辽宁、山西、内蒙古和朝鲜的一部分，从而在更远的外围加强了对东方的控制。

史称周武王和周公总共分封71国，其中姓姬的诸侯占了53个，可见周初两次的大封建，所分封的诸侯多数是周王的同姓子弟，如出自文王之诸侯国主要有：管、蔡、郕、霍、鲁、卫、毛、聃、郜、雍、曹、滕、毕、原、郇等；出自武王之诸侯国，主要有：邘、晋、应、韩等；出自周公姬旦之诸侯国，主要有：鲁、凡、蒋、邢、茅、胙、祭等。

周公七年，即约公元前1036年，周公归政周成王，此时成王20岁。三年后，周公病逝，约67岁。

斯人已逝，但他留下的政治遗产却是极为丰富的。

此时，大周王朝疆域空前广大，北方封国燕，到达了今辽宁喀左、朝阳一带，西面至今甘肃渭河上游，西北抵汾河流域霍山一带，东面的封国齐鲁到了山东半岛，南至汉水中游，东南抵长江下游和太湖流域，势力所及还可能到达了巴蜀一带。其领土近两百万平方公里，绝对是当时世界的第一大国。

第三十二节 姬家的黄金时代

公元前1033年，周公姬旦死了，留给侄儿姬诵一个稳固的江山和一套完备的周礼。在二哥武王姬发死后，周公七年摄政，三年隐退，陪了侄儿姬诵整整十年。此时的姬诵内心到底是啥感觉，伤心感激，还是如释重负，无人知晓。但有一点可以确定，即日起，他，作为周朝的正版第二代国王，可以真正地一言九鼎了。

姬诵，也就是周成王，自13岁到23岁，这十年间他一直活在叔叔——周公姬旦的阴影之下。在三监之乱前后，关于周公意图篡位的流言满天飞，由不得姬诵不信。周公东征后，曾作《鸱鸮》一诗送给姬诵，表明自己惨淡经营的苦心，但这依然不能消除姬诵的猜疑和不满。而此后发生的一件事，则消除了姬诵的怀疑，这便是《尚书·周书》中记载的"金縢事件"。

故事发生在周公还政后的某一年秋天，此时周公被成王姬诵疏远，居住城外。这年庄稼原本长得很好，但在即将收获时，忽然雷电交加，狂风大作，庄稼倒伏，国人大恐，成王姬诵自然也很吃惊，认为是自己得罪了上天。在大臣的提醒下，成王与大夫们穿上祭天的礼服，打开了周公的金縢之匮，取看文书，竟发现了一封周公祈求为武王代死的册书。原来，在灭商的第二年武王生了重病,周公便向祖宗太王、王季、文王祈祷,愿以身代死。后将书写祝词的典册纳入"金縢"之匮(以金质绳索捆束的箱匣),并告诫史官不要告诉他人。事也奇怪,第二日,武王病便痊愈了。

自此,姬诵方才知道了叔父的忠心,于是他便出城亲迎周公。然后,奇迹发生,伏地的庄稼爬起,获得了丰收。大家都认为这是天帝息怒的结果。

周公代死一事真伪,历代都有不同看法。有人怀疑是后世伪造的,因为故事中有许多巧合。顾颉刚也曾指出"金縢"中的周公好像"是一个装神作怪的道士",他的祈祷祖宗"仿佛用了糖果哄小孩似的"。因此他认为,周公此举只能是达到他政治目的的手段。

其实,商周时期,笃信鬼神,不比今日。商代甲骨文便是由此产生。商周王室贵族上自国家大事,下至私人生活,如祭祀、气候、收成、征伐、田猎、病患、生育、出门,等等,无不求神问卜,以得知吉凶祸福决定行止。那时候求鬼问卜,装神作怪,才更是虔诚的表现,因此,周公纳册于匮也许正是符合礼仪的行为。况且,从以后的周公封国——鲁国与周王室的密切关系,也可知周公对成王并无不轨之心,成王也没有秋后算账。

对于周朝的巩固,周公居功至伟,不容置疑。他不仅东征胜利、营建洛阳,还制定了礼乐,规划各项规章制度,从而奠定了西周王朝的基础。礼乐制的作用简而言之,即用来规范贵族的身份地位,要求贵族在衣、食、住、行等方面都要符合自己的身份,贵贱长幼之间要有明显的差别。它和分

第三十二节 姬家的黄金时代

封制、井田制、宗法制，并称为支撑周朝天下的四大制度。周公制礼仪，对后世影响深远，还为他赢得了一位大名鼎鼎的粉丝。这位粉丝在周公死后五百多年才出生，即公元前551年，他就是孔子。

孔子，作为西周制度的维护者，对周公可以说是相当敬佩，把周公当作了偶像。周公是孔子心目中的圣人。孔子一生维护并致力于恢复西周的礼乐文化和礼乐制度，收集整理并传播西周以来的文化，而孔子最向往的社会制度也是西周时的社会制度，而这些文化制度的总策划师就是周公，所以孔子崇拜周公，视周公为圣人，并且经常梦见他。而在孔子晚年，他身体不好时才会哀叹："甚矣吾衰也，久矣吾不复梦见周公。"

其实追溯起来，孔子和周公的关系很有趣，他们应该算是世仇。因为孔子的祖先本是殷商后裔。周灭商后，周公和成王封商纣王的异母哥哥微子启于宋，建立宋国。微子启死后，弟弟微仲（子衍）即位，微仲即为孔子的十四世祖。自孔子的六世祖孔父嘉之后，后代子孙开始以孔为姓，其曾祖父孔防叔为了逃避宋国内乱，从宋国逃到了鲁国，于是鲁国变成了孔子的祖国，而鲁国便是周公的封国。

当然，也有后人认为其实周公是称王了的，如清末今文学家廖平、清末民初大学者王国维皆有此说。其实，商代便多兄终弟及继承制度，这对周代王位继承制难免造成影响。周公是否称王？或许他只有此心，而并无此行，因为阻力太大。武王死后，周公姬旦只是四大辅政之一。他要称王，必须得到其他三位辅政——召公姬奭、太公姜望、毕公姬高的支持。

然而，在周公摄政以后，首先受到了自己的兄弟管、蔡的进攻，朝中的大臣和诸侯起初也不愿听其命令，和他一块辅佐成王的召公也怀疑他，年轻的成王与他更是矛盾重重。如果，周公不顾内忧外患而称王，周王朝大势去矣。

而周公之所以没有取代成王姬诵之位，或许和另一个人有关。这个人就是周文王倾商和武王克殷的首席谋主、最高军事统帅，西周的开国元勋——太公望——姜子牙（约前1156年—约前1017年）。

姜子牙一定是姬诵的坚决支持者，因为他是姬诵的亲外公。姬诵的母亲邑姜，便是武王的王后，姜子牙的女儿。她生了两个儿子，大儿子姬诵继承了大周王位，而小儿子叔虞成了晋国的始祖。

姜子牙，即姜尚，或姜望，子牙是他的字。史书记载他是东海之滨人。但东海之滨到底是何处？这又是一笔糊涂账。有人说他生于河南许昌，有人说他是安徽临泉姜寨人，但更多的人认为他是山东日照人。名人往往会被后人牵强附会成自己的祖宗，姜子牙也是如此。传说他是炎帝神农皇帝51世孙，伯夷36世孙，先祖曾做四岳之官，辅佐夏禹治理水土有大功，被封在吕地（今河南南阳西），后又有后裔被封在申，姓姜。所以又姜子牙原名姜尚，又称吕尚。

姜子牙出世时，因其属于姜氏远支，早已沦为平民，家境也已经败落了，所以姜子牙年轻的时候经常更换职业以糊口。他当过宰牛卖肉的屠夫，也开过酒店卖过酒，也有小说家说他卖过面粉，还卖过字画。

姜子牙究竟还从事过哪些职业，今日无法考证，但有一

第三十二节 姬家的黄金时代

点可以确定,那就是他大半生的日子并不好过。但他人穷志不短,无论宰牛也好,还是做生意也好,始终勤奋刻苦地学习天文地理、军事谋略,研究治国安邦之道,期望能有一天为国家施展才华。可是,命运仿佛在捉弄他,直到70岁,他还是一事无成,闲居在家。

直到他72岁时,他才时来运转,垂钓渭水之滨磻溪(今陕西省宝鸡市),遇到求贤若渴的西伯姬昌(即后来的周文王)。姬昌认为姜太公是个奇才,请他坐车同归,并拜他为师,从此开始了他兴周灭商的人生道路。此即为"姜太公钓鱼,愿者上钩"的来源。

之后,姜子牙辅佐文王兴灭商大业,天下三分之二的诸侯都归心向周,多半是他谋划的结果。文王死后,姜子牙又辅佐武王姬发,力排众议,坚定了姬发伐纣的信心,抓住时机发动了牧野之战。战幕一揭开,姜子牙亲率少部精锐为先锋在前面挑战,随后姬发率领大队人马击败了商纣王的军队。姜子牙引姬发入殷都朝歌,诏告天下商朝灭亡,周王朝诞生。

姜子牙对于周朝的建立功劳巨大,因此受封齐国。公元前1045年,姜子牙率部直奔营丘(今山东临淄),灭掉莱国,以营丘为都,正式建立齐国,成了齐国的始祖。但他相当多的时间是在镐京做周朝中央政权的"太师",辅佐外孙周成王姬诵、重外孙周康王姬钊。他的大儿子齐丁公姜伋,也没有到临淄治理齐国,而是一直在镐京担任虎贲氏之职,统领着王宫卫戍部队。齐国开国后的三十余年,营丘基本上由姜太公的三儿子丘穆公镇守。"三监之乱"时期,姜子牙父子辅助周公姬旦,或坐镇京都、运筹帷幄;或领兵东征、冲锋陷阵；或左右呼应，东西夹攻，迅速平定了这场叛乱，为二次安周立下了赫赫战功。

前1021年，周成王去世，享年35岁，在位22年。姜子牙父子又接受了成王托孤的遗命，担负起辅佐太子的重任，与召公、毕公等众臣一起扶立太子姬钊登位，史称周康王。

周康王四年，即前1017年，姜子牙卒于周首都镐京，岁寿139岁，儿子齐丁公吕伋继位。齐丁公姜伋继任周王室太师，掌管整个周王朝的军政事务，此处姜子牙年龄存疑。文王生于前1152年，死于前1056年，寿96岁，倒还在理。武王生于前1087年，死于前1043年，寿44岁，属于英年早逝。姜子牙生于前1156年，死于前1017年，寿竟139岁，确实让人不可思议。又传文王见姜子牙时，子牙已经72岁，由此可推断两者相会是在前1084年，此时文王76岁，武王3岁。由以上推断姜子牙辅佐了亲家周文王28年，辅佐了女婿周武王13年，辅佐了外孙周成王22年，辅佐了重外孙周康王4年。姜子牙这位四世元老，共辅佐大周王朝67年。

在历史上姜子牙地位颇高，在唐宋以前，姜子牙被历代皇帝封为武圣，唐肃宗封姜子牙为武成王，宋真宗时，又封姜子牙为昭烈武成王。到了元朝时期，民间对姜子牙增加了一些神话传说。到明代万历年间，许仲琳创作了《封神演义》小说，从此，姜子牙由人变成了神，并且为民间广为信奉。

而真实的姜子牙则是一位满腹韬略的政治家、军事家，被誉为兵家之祖，他所著的《六韬》，又称为《太公六韬》《太公兵法》《素书》，是一部集先秦军事思想之大成的军事著作，对后代的军事思想有很大的影响。中国著名的军事家孙武、鬼谷子、黄石公、诸葛亮等都学习并吸收了太公《六韬》的精华。

然而，《六韬》一书作者是否是姜尚，历来又有争议。多数认为此书是古人伪托吕尚所著。1972年，从山东临沂银雀山汉武帝初年的墓葬发掘出的《六韬》残简，来校勘存世的各种《六韬》版本和本注，说明了《六韬》一书，在汉武帝以前就流行开了，否定了《六韬》是伪作的怀疑，进一步证实了姜子牙在军事理论上的著述是真实的。

姜子牙死后21年，即前996年，周康王姬钊病死于镐京，葬于毕原，在位25年。姬钊在位时，不断攻伐鬼方（今陕西省西北部）和东南各地，掠夺奴隶和土地，分赏给诸侯、大夫。其在位期间，国力强盛，天下统一，经济、文化繁荣，社会安定，史书载："成康之际，天下安宁，刑错四十余年不用。"成王与其子康王共统治周王朝47年。此时期，合称"成康之治"，是周代的兴盛时期，这是姬家的黄金时代。这个时代的兴盛与以周公姬旦和太公姜子牙为首的能臣的努力是分不开的。

第三十三节 草根逆袭高富帅

俗话说，盛极必衰。大周王朝历经三代 50 余年，已走向辉煌。但在康王死后，儿子姬瑕——周昭王在位期间，竟然发生了国王溺水事件，从而王朝走向了衰弱。而胆敢并有能力把周天子拉下水的主角并非哪位神仙或哪个强国，而是西周初期的一个诸侯国——楚国。

夏商周三朝，皆以中原自居。四方其他民族则分别以狄戎夷蛮称之。在北，召公姬奭建燕国，控制北狄；在西，周人出自西戎，并以宗周对西戎各部落形成监迫之势；在东，周公灭奄和薄姑，姜子牙在奄故地建齐国，击败莱国，进逼东夷。此三方都已暂且无忧。而在南方却有不太驯服的南蛮，让周王朝深感鞭长莫及。

南蛮部族主要生活在长江中游和汉水流域，其中势力最大的部落便是荆蛮，也就是后来楚国的前身。

楚国社会公认的始祖是祝融。祝融来头不小，是传说中的火神，是炎帝的火师。后来，以祝融为首形成了一个强大的部落，即祝融部落。祝融部落除了祝融之外，另外一位最出名的酋长是燧人氏，他钻木取火，被尊为三皇之一。

黄帝部落打败炎帝部落之后，到了黄帝曾孙——帝喾时代，祝融一族在河南新郑一带建立祝融氏之国，因此新郑又

第三十三节 草根逆袭高富帅

称"祝融之墟","祝融之墟"便成为楚国先民的最早起源地。

提及祝融,涉及神话传说,难免让人对这段历史的真实性产生了怀疑。但对楚源自祝融一说早有文物为证。楚帛书,1942年9月在长沙东郊子弹库地方的楚墓中被盗掘出土,后来此书流入美国,一度寄存在纽约的大都会博物馆,旋经古董商出售,现存放在华盛顿的赛克勒美术馆,成为该馆的"镇库之宝"。1973年,在澳大利亚籍旅美学者巴纳的《楚帛书研究》一书中,用新技术拍摄的帛书红外线照片,便发现了楚源自"祝融"的记载。

上文已说明楚人来自祝融之墟,也就是今天的河南新郑。那么楚人为何从黄河流域的新郑来到长江流域的南方?

楚人南迁,自商朝起。商汤灭夏,商王朝的强大与扩张,必然与地处中原的楚人发生矛盾,在商王朝的驱逐下,楚先民被迫逐渐南迁。

两千多年以前由楚国史官所写的楚国史书——《楚居》记载了楚人大致迁徙路线,其是从河南新郑出发,向豫西南和陕东南方向迁徙,于西周初年到达丹水和淅水交汇处(丹淅流域)。之后继续南下到达荆山附近的丘陵平原地区。即:河南新郑(祝融之墟)——桐柏山——丹阳(今淅川县或枝江市)——湖北荆山。

迁至荆山的楚人因山得名,被商王朝称为荆方,又被称为荆蛮。从荆蛮成长为楚国有一段很长的路要走,祝融的后裔分为八姓,即己、董、彭、秃、妘、曹、斟、芈(mǐ)等,而建立楚国是祝融的后裔八姓之一——芈姓的季连家族。

据《世本》《古今姓氏书辨证》《元和姓纂》等史书所载,

189

楚人是正宗的黄帝苗裔，这在屈原的《离骚》中就有表述。楚先人世系如下：黄帝——（子）昌意——（子）颛顼——（四世孙）陆终——（第六子）季连（赐为芈姓）——（子）附沮——（子）穴熊——（直系子孙）鬻熊。其中楚人奉颛顼为先祖，祝融为远祖，而鬻熊便被楚人尊为始祖。

鬻熊不仅是荆蛮部落的杰出首领，也是一位有声望的宗教大巫。在商朝末年，鬻熊拜见周文王，并成为周文王的老师和火师，并议定以荆楚之力协助周文王起兵灭商。所以，至少自鬻熊起，楚人便和周部落发生了联系，而这段时间正是周楚的蜜月期。

灭商之后，武王、成王先后分封异姓诸侯，此时鬻熊已经去世，鬻熊的儿子熊丽、孙子熊狂也都已去世。所以周成王便封鬻熊的曾孙熊绎（公元前1042年—公元前1006年在位）为楚地诸侯。楚国自此立国，都于丹阳今淅川县，熊绎便是第一位楚王，他以父字"熊"为氏，此后子孙都以熊为姓了。

楚国刚立国时，仅有地五十里，地处偏远，生活相对贫困。而且楚国的文化深受商人影响，一样迷信鬼神，和周朝的礼乐制度格格不入，所以总被中原各国看不起。周天子对楚国也不重视，仅封熊绎为子爵，公侯伯子男五爵位中的第四等级。因此，将此时的楚国称为"草根诸侯"一点也不为过。

作为被分封的各方诸侯，他们每年都有向周天子进贡方物的义务。而楚国不受重视，因此周天子也就不要求他们进贡什么好东西，每年只要象征性地送上一定的数量的苞茅、桃弧和荆矢就可以了。

而所谓的苞茅，其实是一种茅草的嫩芽，在祭祀典礼上用来过滤酒的原浆。这样滤去杂质的发酵酒又清又醇，才能拿来敬献上天和祖宗。桃弧就是桃木弓，荆矢就是荆棘箭，都是辟邪之物，也都是宗教用品。

前1037年，周成王以洛邑宣告竣工为由与众诸侯在岐阳会盟。楚子熊绎因为被认为是荆蛮，便被排除在盟会之外，只能在屋子外和淮夷一起看着会盟的火炬，不能进场。周王朝官方的理由是楚国的祖先为火神祝融，历来都崇拜火，因此，派楚国国君守护祭天的火炬再合适不过了。史称，熊绎本人颇以看火这种职务为荣，但这是否是他的由衷之言，只有他自己知晓了。

楚国所受轻视还不止如此。成王死后，康王即位，熊绎与鲁国国君姬伯禽、卫国国君姬康伯、晋国国君姬燮、齐国国君姜伋一起辅佐周康王。由于齐、晋、鲁、卫四国与周天子亲缘较近，因此都得到周康王赐予宝器，而楚国与周天子无亲缘关系，所以没有得赐宝器。

此类屈辱，时过五百多年，楚人对此仍耿耿于怀，愤愤不平。

但早在周初，周王室为了加强对楚国和荆楚地区庸、卢、彭、濮等方国势力的控制，在汉东就分封了一些姬姓国。在南阳盆地，又有申、吕等姜姓国。慑于周王朝的强大，楚国不得不卑事周王室，等待时机。

不公的待遇孕育了楚人的叛逆性格。熊绎，这位楚国开国君主，痛定思痛，发展生产，扩大疆土，乘柴车、穿破衣以开辟荆山，带领国人开始了"筚路蓝缕"的艰苦创业，使楚国疆域不断扩展，国力不断增强。前1006年，在位36年的熊绎死去，留给儿子熊艾一个强大了数十倍的楚国。而熊艾（前1006年至前981年在位）即位后，在如何和周王朝维持关系方面，他和老爸走了一条完全不同的路。

此期，周王室向北攻击鬼方，向东攻击东夷。而熊艾趁着周无暇南顾时，积极在南方扩张自己的势力与疆域，渐渐羽翼丰满起来。

肌肉开始发达起来的楚人再也不甘心于偏居荒凉的鄂西山地，对广阔的江汉平原垂涎三尺，又毗邻鄂东产铜区，面对优越的自然生产条件和丰富的铜矿，楚人更是两眼放光。

商周时代，青铜制造业达到相当高的水平，青铜的用途也在许多方面，如礼器、兵器、生产工具、手工工具、生活用具、车马器等。因此青铜在商周时代非常重要。早在商代，便已开辟了南方铜路，到周初又分封汉阳众多姬姓诸侯国加以保护，使源源不断的铜料运到王室的手工业基地。

而此时，势力壮大起来的楚，不仅要和周王室争地盘，还要和周王室争夺铜料。于是，两者矛盾尖锐起来。

公元前996年，康王死去，儿子姬瑕继位，这便是周昭王。姬瑕贵为天子，外形帅气，堪称典型的高富帅。古书上说"仪容恭美曰昭"，故姬瑕的谥号为昭王。昭王为了继承成康事业，继续扩大周朝的疆域，同时攫取长江中游地区丰富的有色金属如铜矿资源，对于侵犯王室权益的楚国，必然要给予坚决的打击。

昭王十六年（约公元前980年），昭王亲率大军开始了第一次南征荆楚。此时熊艾刚去世，儿子熊䵣刚即位不久（前981年至前970年在位，在位11年），昭王此举确有乘人之

第三十三节 草根逆袭高富帅

危之嫌疑。

强大的周军越过被当时视为天堑的汉水，向荆楚腹地挺进。楚国虽较立国之初，已经有了很大的发展，军事实力与以前相比，也有了很大进步，但是却难以阻挡周王朝军队进攻的铁蹄。周军势如破竹，所向披靡。以强攻弱，以大攻小，周王朝大获全胜，胜利班师还朝。青铜器史墙盘有此金文："宏鲁邵王，广楚荆，隹南行。"

过了三年，也就是公元前977年，周昭王十九年，深受伐楚之战的鼓舞，获得颇多的周昭王为了彻底打垮楚国，将其消灭殆尽，再次亲率六军南下伐楚。按照周王朝军队建制的规定：周天子拥有六军，大诸侯国拥有三军，小诸侯国只能拥有一军。周昭王此次率六军伐楚，说明了是举全国之兵而为，其用兵规模之大，人数之多在西周的历史上并不多见，为史家所惊叹，也从侧面证明了两点：一是当时的楚周矛盾大，二是周昭王欲一战定乾坤，将楚国从远古时代的地球上抹去。

周昭王踌躇满志，志在必得，但结果却事与愿违。楚国已经从上次的惨败中充分地吸取了教训。他们知道，面对强大的周王朝，硬拼是绝对不行的，要侥幸取胜，唯有智取。

《帝王世纪》用简洁明了的语言，记载了此次楚人智战的过程和结果："昭王德衰，南征，济于汉，船人恶之，以胶船进王，王御船至中流，胶液船解，王及祭公俱没入水中而崩。"《竹书纪年》也记载："周昭王十九年，天大曀，雉兔皆震，丧六师于汉。""昭王末年，夜清，五色光贯紫微，其王南巡不返。"

周昭王北兵南下，为汉水所阻，四处征调船只渡河，早已依计用事的楚国人假装民夫，将大批用树胶粘接的船只献给了周军。周军用征调而来的船只渡河，船行进到了河的中间，树胶融解，船板分散，许多兵士掉入水中，北方人大都不识水性，不会游泳，基本上都溺水而亡。周昭王虽贵为天子，身为统率，也落入水中，魂丧汉水，年46岁。

周王朝的大军还没有进入到楚国境内，就已损失殆尽，侥幸活命者唯有落荒而逃。历代周王都以天子自居，昭王伐楚不得，却死于楚国的雕虫小技，此事被周人视为奇耻大辱。为了避免遭他人耻笑，周人想尽一切办法隐瞒此事，记载周朝史事的史官更是讳莫如深。这就是为什么对于如此大规模的用兵，其原因和过程不见于周朝文字记录的真正原因。

司马迁在《史记·三代世表》的一句话道破了天机："昭王瑕南巡不返。不赴，讳之。"而《帝王世纪》也明确地说："周人讳之。"

昭王伐楚，遭受了灭顶之败，强大的西周王朝自此开始走上由盛而衰的道路，楚国以弱胜强，上演了一幕草根逆袭高富帅的喜剧，势威大增，不仅叫周边小国闻风丧胆，而且令中原各国刮目相看。楚国正式走上了与周分庭抗礼的道路。

周昭王之死并不光彩，因此，周王室没有向诸侯告丧，宗室诸侯拥立周昭王长子姬满继位，这便是周穆王。这是中国古代历史上最富于传奇色彩的帝王之一。

第三十四节 周穆王和徐偃王

公元前977年，姬满任大周王朝第五任国王，这便是周穆王。他在位55年，是西周在位时间最长的周王。周穆王统治初期，身背老爸被淹死的"负资产"，国内局势自然不稳。但他看问题的角度很独特，认为此次伐楚失利的根源在于统治阶层内部出现了问题。因此他没有像老爸周昭王那样靠武力征伐四方，以此转嫁平息国内各种矛盾，而是命令大臣吕侯制定《吕刑》，废止了严酷的旧法，以"明德慎罚"为指导原则，以此抑制贵族，安抚百姓。在周穆王的励精图治下，天下再度安宁。内部稳定了以后，周穆王开始对外征伐，但征伐方向和几位前任国王有所不同。

从周武王始，周王朝开拓经营的重点是东方，其次是东南。到周昭王时，国力强盛，又向南开拓发展，对西方戎族采取守势。周昭王虽死在第二次南征途中，但周仍达到向南扩张的目的。周穆王则继续保持向外扩展的态势，并开始对西方犬戎采取主动攻势。穆王十二年春，周穆王以犬戎没有及时进贡为由，亲自领兵对犬戎征伐。从战果来看，此次战争的军事胜利并不大，仅仅"得四白狼四白鹿以归"。于是穆王重整人马对犬戎进行了二次讨伐。此次征战以周大获全胜告终，俘获了犬戎的五位首领，并把部分戎人迁到太原（今甘肃镇原一带）。胜利成果虽然不小，但这也加剧了大周与犬戎的对立。两征犬戎，平定西方后，穆王继续西伐，于穆王十三至十七年（前963年至959年），进军至昆仑之丘，后世则把这次征伐演绎为一次浪漫旅行，这段历史被详细记录在《穆天子传》中。书中记载穆王此次征伐其实只是赴一个浪漫之约，约他的那位主角是西王母。这位西王母，是一位"美容貌，神仙人也"的美佳人，故此才引得多情的周穆王不远万里与其约会于瑶池，饮酒聊天之余，还互以歌相赠，此仙话更激发了无数无聊墨客的缕缕遐思。唐代诗人李商隐作《瑶池》诗一首："瑶池阿母绮窗开，黄竹歌声动地哀。八骏日行三万里，穆王何事不重来？"

其实，所谓的西王母只是一个地处周王朝西方的一个古国名，其国君被称为西王母，在《山海经》中西王母的本来面目只不过是一个"豹尾虎齿而善啸"的半兽人而已，而在后世的好事文人演绎铺陈之后，才变成了一段帝王美女的浪漫传奇。

那么西王母之国到底在哪里？史书记载，周穆王自镐京（今西安）至西王母之邦，行程共1.21万里，那么西王母之国应在西亚或欧洲，这确实让人觉得不可思议。但在1992年中日两国关于《穆天子传》的学术研讨会上，学者们指出，中国秦以前的"里"指的是"短里"，只有今77米长。因此，西王母之国应在今甘肃、新疆一带，它以西宁、兰州为前庭，以新疆为边境，中心在敦煌、酒泉一带。这一观点与班固在《汉书·西域传》中长安至锡尔河流域的康居有1.23万里的记述一致。

第三十四节 周穆王和徐偃王

因此，虽然《穆天子传》仅为神话，但其中也包含了许多基本事实。其史学价值不容小觑。如《穆天子传》里记载的大臣毛班，在发掘的同时期的青铜班簋铭文中找到了此人姓名。其次在书中对姬满的"御用驾驶班"成员——河宗栢夭的描述，与《史记》《淮南子》《水经注》《左传》等记述的情形吻合。此外，其西行路线的戎地，与史载地理情况吻合。周穆王此次西游之旅固然浪漫，但因长期远离国都，便给大周潜在敌国以可乘之机。

此次乘虚而入的不是南方的楚国，而是位于周王朝东南的徐国。

徐国的历史非常悠久，是夏朝至西周时期诸侯国。徐国的开国君主是若木，若木的老爸就是伯益，伯益便是大禹治水时的得力助手，曾经的钦定接班人。但他后来把首领之位让给了大禹的儿子启，虽然最终没有逃脱被启杀死的命运。不过，作为补偿，在约公元前2070年，伯益的二儿子若木被启封到古代的徐城，建立了徐国，都城为徐城。徐若木便成为今天的徐姓始祖。其后，历夏、商、周三代，徐国都是诸侯国之一，其统治中心先在山东南部郯城一带，后迁至泗县、泗洪。

徐国可称为周王朝的宿敌。在商代徐国就是淮夷大国，在东夷中最为强大，从周公旦开始，周成王、周康王几代中，西周和徐的战争是最频繁的。徐国参与了以武庚为首的商殷残余贵族的叛乱，抵制周公的东征。徐国的驹王曾经起兵直接攻周，一直打到黄河边上。鲁国建立后，鲁国首任国君伯禽（周公旦的儿子）经常与徐国发生摩擦，鲁国受到很大威胁，以至一度不敢打开国都的东门。周公二次东征之后，徐国实力衰弱，被迫接受周朝分封的伯爵，暂且臣服于周。穆王时期，徐国再次兴盛起来。此时，徐国的国君是嬴诞，他是徐国的第32任君主，行仁义，结众心，颇得百姓拥护，四周有36个国家都派人向他朝贡，遂自称王，与周王朝正式分庭抗礼。嬴诞，就是后世所称的著名的徐偃王。"偃"是仰的意思。据说徐偃王生下来就有异相，主要体现在两方面：一是"有筋而无骨"，二是天生就是远视眼，只能仰着头向远方眺望。荀子曾对此做进一步解释："其状偃仰，故称偃焉。"此期，徐国最为强盛，疆域扩张到整个苏北、皖中、鲁南等江淮广大地区。徐偃王趁周穆王西游之机，率淮夷近40个部落组成的联军偷袭镐京。正在昆仑游历的穆王接到报告自然大惊，幸好他有了超级御手造父的帮助，驾车日驰千里，及时赶回国都镐京，最终击退了徐国。由于造父立了大功，周穆王便把赵城（今山西洪洞）赐给他，自此以后，造父族就称为赵氏，为赵国始族。几十年后，造父的侄孙非子又因功封于犬丘，为之后秦国始祖。在此有必要归纳一下，徐国的始祖若木，赵国的始祖造父，秦国的始祖非子，他们本是一家，都是嬴姓，祖先都是伯益。徐国被穆王击败之后，双方暂时妥协，徐国再次臣服周王朝。而周穆王则承认其为东方霸主。但此协议对于周穆王来说，只是个缓兵之计，差点失都之恨，穆王怎可罢休？徐国，这个眼中钉肉中刺，穆王自然想拔之而后快。于是，他便联合曾经的敌人楚国攻徐，并最终攻破徐国。破徐国后，徐偃王被迫逃亡并隐居在山东、安徽、江苏、浙江各地。徐偃王不在后，徐国的子民拥立他的儿子宝宗为国君。

第三十四节 周穆王和徐偃王

周穆王把徐偃王赶下台，达到了目的，并不想真心灭掉徐国。他了解到徐偃王在当地很有人气，也不想把事情做绝。为显示周天子宽广的胸怀和气度，周穆王恢复了徐国的封号，封宝宗为子（子爵），都彭城，让他继续管理徐国。自此，彭城又称徐州。徐偃王当政时，徐国是伯爵国，现在是子爵国，相当于是降级了，也算是对徐国的一种惩罚。此后，徐国一直延续数百年。春秋周敬王时为楚国所败，公元前512年为吴国吴王夫差消灭。徐国，在中国历史上存在近1700年，共有44代君王。徐国因统治区域的变化，都城也是几经迁徙，有考证的主要有：一是山东郯城，此应为徐国前期都城。史家研究结果，徐国最初封国时，应在山东泰山东北以南到郯城一带，今天的山东泗水的汉舒村便有徐国第五代国君徐豹墓。二是洪泽湖一带的大徐城，此应为徐偃王时期的都城。关于大徐城在泗洪何处，有两种说法。一为半城镇以东的穆墩岛附近，因为著名的挂剑台遗址便在古临淮和应山集之间，而此处正在半城附近。第二种说法，大徐城为今日的太平乡香城村，"城"即指徐偃王所筑之城，香城是因为城里传说有座徐偃王妃子的粉妆楼而得名。此外，香城临近村庄名为城门村、桥口村，这便为今人留下了一个较清晰的都城轮廓。而在今香城村依然居住着多户徐姓村民，是否便是古徐国的后裔？三是徐州邳州梁王城，这是徐国后期都城。考古专家曾对此地连续进行三次发掘，共发现灰坑122座，墓葬22座，房址11座，出土文物一千余件。本地曾有"金銮殿"地名，出土19枚宫廷器乐青铜编钟，并镌刻"徐王子孙永保之用"铭文。平定徐乱后，穆王继续东进，抵达九江，开始南征。

通过巡游征伐，周穆王使东南许多方国和部落归顺于周的统治，对周王朝的发展具有积极意义。在南征取得成功后，穆王仿照祖先，在涂山（今安徽怀远东南）会合诸侯，巩固了周在东南的统治。

春秋早期，齐相管仲对齐桓公说周穆王效法文王、武王的治国理念，取得功绩而成就其美名；春秋末期，楚大夫伍举（伍子胥的祖父）在劝说楚国国君时，把周穆王与商汤、周武王以及齐桓公、晋文公等一代雄主相提并论。这些都肯定了周穆王的历史功绩。周穆王在位期间东征西伐，王朝疆土不断扩大，有力地巩固了周王朝的统治。然而，就如后世的汉武大帝和乾隆大帝那样，周穆王常年征伐，必然劳民伤财。因此，盛世之下掩盖着重重危机。

第三十五节 百足虫虽死不僵

公元前922年（周穆王五十五年），周穆王姬满去世，儿子姬繄扈继承王位，这便是周朝第六位君主周共王。

周共王继位时，国家因周穆王远征，耗费了大量财富，使得国家财政十分空虚，经济上渐渐难以支持。但是，在许多场合又不得不维持着天子的架子。如为了表示赏罚分明，周共王不得不将都城附近的土地陆续分封给诸侯和大夫，使自己直接支配的地域越来越小，收入越来越少。周王朝的国势开始衰落。

此时大周王朝需要一位中兴之君，而周共王偏是一位花花公子。公元前919年（周共王四年）春天，周共王出游到泾水边上，当时密国国君密康公跟随周共王出游，有三位美女被周共王看中，而密康公也是色迷心窍，不听母亲的劝告，没有献出那三位女子，而是纳为己有。周共王恼羞成怒，于公元前919年（周共王四年），派兵攻灭密国。

在军事上，周共王表现低调，他改变父祖两代以武力征服天下的做法，裁减军队，明法息民，让更多的百姓安于生产，创造财富，以增加国家的财政收入。在对外关系上采取和平稳定的外交政策，对边境争端主要采用和平谈判的办法解决，尽量避免武装冲突。

和平，这对于老百姓来说，确实是一个福音。但要想维持真正的和平，必须要以强大的武力作为后盾，否则和平必不可得。两次世界大战，瑞士皆为中立国，而其得以中立而不受侵略的基础便是强大的无人敢惹的武装力量。然而周共王却不重视军队的建设，使各城镇的武装力量十分薄弱。因此，他想要的和平只是表面的，必定不会维持长久。

此期，对西周造成很大困扰的是被周穆王征服的西戎。周穆王时期，对西戎的征服，赢得了表面的风光与胜利，但却失去了西戎的人心，埋下了仇恨的种子。如今，西戎各部终于等到了复仇的时机，便决意反叛西周。公元前904（周共王十九年），西戎组织军队向西周领地发起攻击。西周军兵微将少，无力阻击敌人，被西戎军连续攻占十余座城邑，直逼镐京。周共王只好紧急调集各诸侯国军队联合出击，才把西戎军击败，将他们赶出境外。但是这场战乱使西周王朝受到很大损失，领土的损失倒是次要，最为让人痛心的是周王朝威信的进一步丧失。

周共王二十三年（前900年），在位22年的共王死去。太子姬囏继位，这便是周懿王，他是西周第七位君主。

"懿"是美好的意思，史书上说"温柔贤善曰懿"，从谥号或许可以推断出他是一位善良的君主。然而他的性格过于懦弱，这种性格对于一位帝王而言是致命的。他继位后政治日趋腐败，国势不断衰落，由于西戎屡次进攻，西戎不断侵犯西周，甚至数次抵达京畿所在，对都城镐京形成严重威胁，他被迫将都城迁往槐里（今陕西兴平东南）。

周懿王也曾试图结束当时政治混乱的局面，挽回颓势。

第三十五节 百足虫虽死不僵

对内,他试图整顿朝纲,对外,他试图对犬戎形成攻势,而从事后的发展来看,周懿王并未能扭转颓势。懿王七年二月,周懿王任命益公牧统辖百事僚(天尹之职),严令益公牧要按先王政令办事,明察断断,以律量刑。此后,懿王命虢公率领周师伐犬戎,结果却大败而归。周懿王的努力失败了,积重难返,危机的种子早在昭穆时期便已埋下,而周懿王也不是一位可以扭转乾坤的角色。

最可反映周王权威丧失的例子便是册命制度的变化。册命制度是西周时期的一种任命、赏赐官员的制度,是周礼的一个重要组成部分,也是彰显王权非常重要的表现仪式。在册命过程中的册命,原本由史官宣读,诸侯大臣等跪拜听读。而在懿王时期,在诸侯大臣的反对之下,宣读册命的人竟改为周懿王本人。由此可见,周王至高无上的光环这时已经开始消退。

周懿王七年(前893年)冬,西周遭遇特大自然灾害,暴雨和冰雹袭击王都槐里,有许多家畜和家禽被冰雹打死,继而寒流猛增,天气奇冷,连嘉陵江和汉水都被封冻。有的人来不及防寒,竟被活活冻死。

周懿王十分迷信,对此罕见的天灾,感到十分恐惧,认为是上天在惩罚他,终日担心天神会来索取性命,疑神疑鬼,寝食俱废。

周懿王八年(前892年)春,周懿王去世,终年约四十六岁。

周懿王死后,前892年,姬辟方即位,成为西周第八位君主,这便是周孝王。但他不是周懿王的儿子,而是周懿王的叔父。

周王朝为了长治久安,避免统治集团内部斗争,制定了嫡长子继承制。整个西周时期,周王朝统治者严格按照嫡长子继承制确定继承人,有效避免了王室内部因为争夺王位自相残杀,确保了周王朝前期的稳定。但在宗法制森严的西周,却出现了一位没有遵守嫡长子继承制而登上王位的君主——周孝王,这是一种异常的现象。

这在周朝政坛是一件怪事,更是一件大事,因为这是周王朝成立至今的第一次宫廷政变。周孝王的这次政变为什么可以成功?在《史记》中无法找到答案。

因为《史记》对于孝王的记载甚少,只有简短的一句话:"懿王崩,共王弟辟方立,是为孝王。孝王崩,诸侯复立懿王太子燮,是为夷王。"之后再未提及孝王。孝王作为违背祖制之君,司马迁好似有意回避,对于其在位时期的文治武功丝毫未曾涉及,今人对周孝王继位缘由的了解主要来自《竹书纪年》。

据《竹书记年》记载,周懿王之时周王朝国力衰落,导致宗周镐京备受戎狄威胁,被迫迁都。王朝的衰落必然引起统治集团内部的分裂,统治集团内部对懿王国政心存不满,为周孝王成功登上王位准备了条件。尤其是由于懿王无能,放弃故都镐京,对于周王朝统治阶级来说是一种沉重的打击,使其利益和尊严都受到了严重损害。而周懿王的太子姬燮软弱无能,不能在危难之时重振周朝,最终周孝王凭借自身能力,在懿王统治无方和太子姬燮软弱无为的背景下成功夺得王位。

周孝王登基之后励精图治,以期重振王室权威。在周孝王元年,孝王命令申侯率军,兴起六师西征。在大兵压境的威势之下,西戎接受申侯的调解,贡马求和,并且表示此后

第三十五节 百足虫虽死不僵

永不侵犯西周边境。

但对时服时叛的西戎，周孝王必须有所防备，必须加强军事力量。为此，周孝王决心开辟专门的牧场，保证周王朝马匹供应。

西周时，马已经成为国家重要的战略资源，无论是祭祀、农耕、还是战争都需要大量优良健壮的良马。但周朝养马业发展一直缓慢，许多优质马匹都靠买进。此次西戎进献的一百匹马，大部分都是母马，这为西周发展养马业提供了契机。

周孝王三年（前889年），孝王的牧场正式开张了，地点在汧（今陕西陇县西南汧山）、渭（今甘肃陇西县西北鸟鼠山）之间，首任养马官是非子。

周孝王六年（前886年），非子为王室养马三年，马群大增，为西周王朝创造一笔很大的财富。这对于最终解除少数民族的军事威胁提供了可靠的保证，同时也对周王朝内部各诸侯国进行军事震慑，加强了宗周的统治力量。

周孝王因非子养马有功，将他封于秦邑（今甘肃省张家川城南一带），建立秦国，号称秦嬴。当时，诸侯国分为公侯伯子男五等爵，而秦国连男爵都算不上，仅作为西周的附庸，职责便是世代为周王室养马，并戍边对抗西戎。

可是，谁都无法想到，就是这么一个不入流的小国，竟在600多年后结束了大周王朝的统治，结束了纷乱数百年的春秋战国。

周孝王六年（前886年），还没有完成中兴周室的大业，周孝王死了，他的侄孙——周懿王故太子姬燮于前885年继位，这便是周夷王，西周第九代国王。周孝王虽违反了周朝

205

宗法制，但他励精图治，打击了西戎对周王朝的威胁，一定程度上使西周王朝的国力得到恢复。而且他即位后并没有杀害故太子姬燮，并在死后最终把王位还给了姬燮，从而又恢复了嫡长子继承制，使得周王朝在一定时期内避免了王位的争夺，在相当长的时间内保持了内部的稳定。史书上说"慈惠爱亲曰孝"，孝王对此谥号当之无愧。

周夷王即位后，朝政失修，国势不振，四方诸侯相互攻伐，周天子想管也力不从心了。然而，百足之虫死而不僵，周王室在当时还是有一定的权威的。夷王三年，为了震慑诸侯，这位懦弱的君王竟做出了一件耸人听闻的事情，那就是烹杀诸侯。这位倒霉的诸侯便是齐国的第五任君主齐哀公姜不辰。当时，齐鲁纪三国同据今天的山东半岛，彼此矛盾由来已久。据传是纪侯（纪国的国君）在周夷王面前进谗言，说了不少齐哀公的坏话。惹得周夷王大怒，命使者将齐哀公抓到镐京，当着其他诸侯的面，将齐哀公投入大鼎中烹杀。之后，周夷王又命齐哀公之弟姜静继承王位，为齐胡公。《竹书纪年》对此事的记载最为简洁："烹齐哀公于鼎。"《史记》则载：哀公时，纪侯谮之周，周烹哀公而立其弟静，是为胡公。

夷王七年，夷王又命虢公帅师伐西戎，先后取得几次胜利。可是西方刚刚稳定一点，南方又闹腾起来了。原来楚国一贯不服周天子，楚国在向周朝进贡时，自称诸侯，可在自己国内，可就老实不客气地自称为王。你自己称王也就罢了，周天子睁一只眼闭一只眼，只当看不见。可是到了熊渠当楚王的时代，先是西征，攻打了位于今湖北西部的隋国。接着东征，攻打了位于今湖北中部的扬越。楚人以波浪渐进的方式

第三十五节 百足虫虽死不僵

进入了江汉平原。最后远征，攻打了位于今湖北东部的鄂国。此三次战争，楚国都取得了胜利，兴奋不已的熊渠封其长子熊康为句亶（今湖北江陵）王，次子熊红为鄂（今湖北鄂城）王，三子熊执疵为越章（今安徽间地）王，让他们分别镇守长江中游的三个要地。

此消息传到镐京，舆论哗然，大臣们纷纷要求再次发兵去进攻胆敢僭越王号的楚国。此时，正值前878年，周夷王才去世，他的儿子姬胡即位。姬胡先礼后兵，派使者前去责问。鉴于周王朝的压力，熊渠被迫取消了三个儿子的王号，同时还敷衍辩解说：我们是蛮夷，我们的称号和中原是不同的。我根本就没有僭越王号的意思，全是误会呀！

楚国虽然取消了王号，但楚人的此举，在当时实在是一个石破天惊的信号。之所以楚国敢如此大胆，便是看透了周王朝国势的衰弱，这件事也给刚即位的姬胡一个深深的刺激。

于是，大周王朝迎来了改革者兼破坏者——周厉王，是的，他就是姬胡，也是我们接下来的主角。

第三十六节 被误读的改革家

本节的主人公名气很大,只要一提起他,自然而然便会想到几个词,厉王止谤,道路以目,国人暴动。他本人甚至因此被史家与夏桀、商纣、秦二世并列。他,就是周厉王姬胡。

姬胡之所以如此出名,这主要归功于《国语·召公谏厉王弭谤》这篇文章,就是这篇文章,使他成了遗臭万年帝王的典型代表。姬胡,周夷王姬燮之子。约公元前877年,周夷王去世,姬胡继位,就任大周朝第十任君主,这便是周厉王。史载,周厉王继位后,任用小人荣夷公为卿士,实行"专利"政策,将山林湖泽改由天子直接控制,不准国人进入谋生。周都镐京的国人因不满周厉王的政策,怨声载道。大臣召穆公(又称召虎、邵公)进谏说:"民不堪命矣!"(人们已经受不了了,都在议论纷纷)周厉王又命令卫巫监谤,禁止国人谈论国事,违者杀戮。在周厉王的高压政策下,国人不敢在公开场合议论朝政。人们在路上碰到熟人,也不敢交谈招呼,只用眼色示意一下,然后匆匆地走开,这就是"道路以目"。周厉王得知后十分满意。对召穆公说:"我有能力制止人们的非议,他们再也不敢议论了!"召穆公劝谏周厉王道:"这是用强制的手段来堵住民众的嘴啊!这样堵住人们的嘴,就像堵住了一条河。河一旦决口,要造成灭顶之灾；人们的嘴被堵住了，带来的危害远甚于河水！治水要采用疏导的办法，治民要让天下人畅所欲言。"周厉王对此却置若罔闻。周厉王三十七年（公元前841年），国人不约而同起来反叛，袭击周厉王，周厉王只好逃出镐京，越过黄河，逃到周朝边境——彘（今山西霍县东北）。当时周厉王的太子姬静躲藏在召公家里，百姓知道后，就把召公家包围起来，召公被迫用自己的儿子代替姬静，被国人棒杀，姬静最终侥幸免遭杀害。

周厉王的失败结局，注定他无法在史书上留下美名，因为史书总是胜利者书写的。然而，周厉王是否真的如此不堪呢？可以对和他相关的一些史实进行梳理，或许可以得到一些和真相相关的蛛丝马迹。

在军事上，周厉王可称得上是一位颇有作为的君主。他即位后便力图改变周边部落屡次入侵的状况，解决周王室积弱之弊。即位之初，周厉王便以超人的胆略与气魄降服嚣张的楚国。当时的楚国在国君熊渠领导下已相当强大，在周夷王时即已称王。但到周厉王改革后，周王朝强大震慑四方。熊渠畏惧周王朝强大，恐其伐楚，于是自动取消王号。此后周厉王又平定了噩国之乱。噩国（在今河南南阳东北一带），原为周属国，趁夷王时期王室衰弱，乘机联络淮夷和东夷部落，出兵进攻周朝的东部疆域和南部国土，声势浩大，气势凶猛，一直打到成周（今河南洛阳）附近，严重影响京畿安危。周厉王为保卫京都和周朝的社稷，从宗周调来西六师的部队，还从北部调来殷八师的大军，从西、北两个方向向河洛地区聚集，经过激烈的战斗，周厉王最终击败噩侯，保卫成周的安全。周厉王攻噩之战后，居住在今安徽北部淮河流域的淮夷，再次发兵向周朝进攻。周厉王命虢仲率兵反击，未能取胜。周厉王亲临成周指挥反击战，命令周将率领精兵反击，最终彻底击败淮夷，斩俘一百四十余人，夺回被淮夷掳去的周民四百余人。由于周厉王攻噩和平定淮夷的胜利，大振军威，周朝的军力有所增强，周朝国威也有所振作。在政治上，周厉王还打破传统，不再从周召两大政治家族选用卿士，而是唯才是举，任用了经济专才荣夷公和军事干才虢公长父。这一做法自然遭到贵族们的强烈反对。此外，周厉王早已发现诸侯渐渐强大给王室带来的威胁，便设法肢解大的诸侯国，向各国派出周王室的直属官员。汉代的景帝和武帝大力推动削藩，其实几个世纪之前，周厉王就玩过这一手。在经济上，周厉王力图振兴残破的王室经济，他抓住农业和"专利"这两个主要环节。重视农业是周厉王改革的一项重大措施。周厉王主抓农业，以"稼穑"为国宝，使农业得以发展。而其专利政策历来被后世史家诟病，认为这是"与民争利"。其实，在西周时代，山林川泽早已为各级贵族所有，周厉王的"专利"绝不是"垄断"的意思，更谈不上"与民争利"，而是在经济上采取打击贵族经济以加强王室经济的改革措施。因此，周厉王对山林川泽抽取利税，这其实并没有加大老百姓的负担，而是将贵族的收益转到了王室而已。在法律上，周厉王还强化法治，淡化礼制，这对于当时无法无天、潇洒自由的贵族来说，简直是晴天霹雳，西周的国都因此掀起了抗议浪潮。

　　为了保证各项改革的顺利进行，周厉王竟不惜使用高压手段："王怒，得卫巫，使监谤者，以告则杀之。"这虽然是一个昏招，但此处"以告则杀之"并非"无故滥杀"。所杀者应是官吏中敢对新政提出不同意见的人。周厉王为了确保"革典"的进行，采用简单、粗暴的手段，被反对派（不妨说是保守派）用来指责其行"暴政"，上下唾骂几千年。为了维护政权，任何一个统治者都会杀人，只是程度不同而已，为什么周厉王偏享此恶名？暴君、昏君通常有着很多荒诞残暴的举动，譬如所谓"酒池肉林"、动辄杀人、横征暴敛，但这些跟周厉王并不搭边。对于周厉王，《国语》只载其"虐"，没有一种记载涉及其个人生活的奢侈腐化、滥用民力的情况，他的"暴"不过是人们抽象出来的"以告则杀之"而已。可见，厉王被抹黑了，被反对改革者抹黑了，而这些抹黑他的人，就是在改革中利益受损的贵族阶层。从厉王改革的这些具体措施来看，周厉王其实不算什么暴君、昏君，顶多是个志大才疏的改革家，正如后来的王安石、建文帝、光绪帝那样，不太懂得改革操作的恰当火候，而是凭着一腔热血，推行暴风骤雨的改革，希望见到立竿见影的效果。

但厉王面对的是一个积重难返的局面，他下定决心在政治、经济、军事、法律等方面都进行改革，以期重振王室。但他的对立面是强大的旧贵族，加之他没有经验，改革的进程就格外艰难。而他的改革过于激进，未能循序渐进，牵涉到过多人的利益，以至于贵族不满，连"国人"也反对，最终导致以贵族为首、平民为主体的"国人暴动"的爆发，使他的改革功败垂成，最终身败名裂。正如墨翟在《墨子》中所言："暴王桀、纣、幽、厉，兼恶天下之百姓，率以诟天侮鬼，其贼人多，故天祸之，使遂失其国家，身死为僇（戮）于天下，后世子孙毁之，至今不息。"当然，周厉王也好，古今中外其他一些推行革新又壮烈失败的改革家也好，他们身处特定的历史情境，改革之所以会失败，之所以会用不合时宜的方式力推改革，很多情况下不是改革家单方面的选择，而是有着这样那样的无奈。就拿周厉王的选择来说，西周王朝开国就在天下分封诸侯，王室直管区域非常有限，税收基础不牢，王室开支需要依赖诸侯进贡。王朝创立之初，王室兵力强大，君臣干练，而诸侯国的力量就要弱小得多，当然只能老老实实进贡。但日子一长，诸侯国强大起来了，而王室有限的区域无法供养强大的军队，成长在宫廷的天子也不具备先祖的威望和军政能力，这就叫作央地力量对比发生了扭转。再加上，在王室直管区域内，天子管的是大臣和贵族，后者又下辖更小的领主，等于把天子架空了。姬胡当上周朝的天子（周厉王）后发现王室根本没有钱，诸侯国和贵族还把自己彻底架空了，不改革是"等死"，改革呢，可以说有很大的概率是在"找死"。梦想还是要有的，万一实现了呢？这就是周厉王改革的悲剧。自古至今，改革就是非常困难的，"改革仅仅在战略上有优势，而反改革天然地在战术上占优势"。

  成王败寇。中国古代历史上有许多成功的改革案例，因此被大加溢美之词。诸如管仲改革、商鞅变法、汉武帝币制改革等著名改革。但在历史上还存在着许多知名度相对较低且未取得明显成功的改革案例。这些案例大多数毁誉交加，甚至一些改革者因为触怒利益集团身死家灭，并被严重妖魔化，诸如周厉王、王莽、隋炀帝、唐武宗、宋仁宗、明孝宗等改革。国人暴动后，逃到彘地的周厉王无法回到镐京，幸

第三十六节 被误读的改革家

存的太子静也不能马上继位为王。在这种形势下，召公与周公代行王政（也有称卫武公共伯和代行王政），并改称年号为"共和"，史称"周召共和"。共和元年，即前841年便是我国历史有确切纪年的开始。

十三年后，也就是共和十四年（公元前828年），周厉王在彘地凄惨地死去，这是大周王朝第一位死于放逐的君主。可是没有人去同情他，他的那些余怒未消的臣子们在他死后经过慎重研究讨论后，赠送给他一个谥号——"厉"，即"暴戾无亲""杀戮无辜"之意。他的改革，使周王室威信扫地，面临着空前的危机。他的死，给周王朝带来了更大的变数。谁将接替他成为下一任君王？大周王朝的路该如何走下去？

第三十七节 无冕的天子姬和

前828年(共和十四年),随着周厉王生命的结束,"共和行政"也该结束了。因为周厉王在世时,执政者只是代理政务,而此时厉王已死,不能王位空悬,必须有个正式的执政者了。

那么,这做了14年代理天子的到底是谁?以《史记》为首的传统史书都记载为周公和召公联合执政,如《史记》载,西周厉王奔彘后,朝政由周公、召公所共同执掌而称"共和执政"。而历史的真相是否真的如此呢?

随着考古学的发展,《史记》之前的诸多古籍得见天日,稍加整理,便可知在这14年里,代理王政之人其实不是周公和召公,而是共伯和。这在《竹书纪年》《世本》《庄子》《吕氏春秋》《系年》等先秦古籍都有记载。《纪年》(魏国史书)云:共伯和即干王位。《系年》(楚国史书)云:厉王大虐于周,卿李、诸正、万民弗刃于厥心,乃归厉王于彻,龙(共)伯和立,十又四年,厉王生宣王,宣王即位。

共伯和又是何人?很多学者认为,卫武公姬和就是西周"共和时期"的共伯和。如郭沫若认为:元年师兑簋、三年师兑簋等西周青铜器铭文中提到的师和父,金文中提到的师和父就是共伯和,即卫武公姬和。

第三十七节 无冕的天子姬和

卫国，周武王的九弟康叔——姬封的封国，先后建都于朝歌、楚丘、帝丘、野王，辖地大致为现在的河南北部与河北南部一带，堪称屏蕃周朝的重要支柱。卫武公姬和则是春秋时期卫国第十一任国君，公元前 812 年至公元前 758 年在位。

姬和是个相当有野心的人，他的国君之位是他夺来的。公元前 813 年，姬和的老爸卫釐侯去世，太子姬馀继位。深受老爸宠爱的姬和便愤愤不满，于公元前 812 年，在老爸卫釐侯的墓地前袭杀了非常宠爱他的哥哥姬馀——卫共伯，从而夺得了君位。

但姬和确实很有才干，他在位时期，施行先祖康叔政令，使百姓和睦安定，卫国变得强大起来，一时竟成了诸侯之首。

而之所以姬和来到镐京，应当是率卫军前来平定国人暴动的，然而当他来到王都时，一切都已平息，只剩下满目疮痍的王宫和束手无策的大臣们。大臣之首当属周公和召公，面对天子出逃的尴尬局面，唯一的权宜之计便是选德高望重之人暂行王政，但他俩却都不敢自行摄政，因为他们毕竟也是周厉王身边重臣，国人难免会对他们不信任，如果摄政，很有可能再次激起国人暴动。

而此时，在诸侯之中威望很高的姬和在此，于是，大家的目光便集中在了他的身上。机缘巧合，姬和获得了代理天子的尊荣，而周公和召公则应只是他的两个副手而已。

在姬和内心，未必不想长期代理下去，甚至想着能有朝一日，从这个无冕的天子升级为一个名正言顺的真天子。但是，他得等，等远在彘地的厉王的死讯。这一等，就是 14 年。

14 年后，姬胡终于死了，厉王的时代终于正式结束了，天下必须有个新天子了，一切都要有个新气象。国人所企盼的新天子终于产生了，但结果却出人意料，因为新天子并不是姬和，而是姬静。没错，这位姬静就是那位差点被国人杀死的周厉王的太子——姬静。姬静的即位，留给人们许多的谜，也给了人们许多的想象空间。

为什么国人和大臣们能够接受被放逐的厉王的太子姬静即位，而不怕他秋后算账——报父仇？为什么姬和能拱手让出早已到手的权力？

事实早已被湮没，此处只可猜测。也许姬和深知自己虽是姬姓，但却只属王室远支，在那周礼盛行的时代，贸然即位必然会遭到各家诸侯反对？也许国人早已淡忘了那场暴动，反而对姬静心存愧疚？也许是召公和周公巧作安排，先以巫术造成舆论，再推姬静上位？一切不得而知，或许一切皆有可能。

但无论过程如何，结果只是唯一，那就是隐姓埋名 14 年的姬静苦尽甘来，他即位了，他，便是历史上著名的周宣王。宣，是一个好的谥号，有能布令德、力施四方之意。可见周宣王在周人的心目中地位的尊贵。

而那位卫武公姬和则回到了他的卫国继续做他的国君，不过，老天给他的历史任务还未完成，他将活到九十五岁，还有很多大事等待他的完成。但，最值得他自豪的一段历史已告结束，下面的主角已变为姬静。

姬静的一生可谓是大起大落，从贵为太子变为全民追杀的对象，14 年后又奇迹般华丽转身，登上了大周第 11 任天子的宝座，但即位后的他并不轻松，因为他身上背负着老爸周厉王给他的沉重的"负资产"。

那么，即位后的他又是如何驾驭大周——这个已至悬崖边的王朝的呢，他可以力挽狂澜吗？

第三十八节 伐西戎首战告负

公元前827年，少年姬静在召穆公姬虎、周定公以及诸侯拥立下继位了。于是，历史上便多了一位赫赫有名的在位46年的周宣王。

姬静何年出生？目前并无史籍记载，只能存疑。若以周厉王被逐之年算起，倒是可以推出他继位时的大致年龄。因为在当时，召公可以用自己的儿子换了姬静的性命，可见姬静必是婴儿或幼儿。因为这个年龄的孩子较少抛头露面，并且容貌易变，难以让人发觉他的身份。在此，姑且以他当时为3岁来计算，再加上在召公家当了14年的假儿子，那么就可推断他继位时应该在17岁左右。

姬静继位时，西周王朝就好比一个即将破产的公司。受到董事长周厉王被开除出董事局这一利空消息的影响，西周王朝的股票急剧贬值，甚至面临被清盘的危险。

此时的西周王朝内忧外患，风雨飘摇。在内，吏治败坏、百姓离散；在外，诸侯离心，四夷叛衅。

但事物总有其两面性。苦难是一种痛苦，更是一种磨炼，一份宝贵的财富。远离王室、如履薄冰地生存了14年的姬静，却可以更多地接近劳苦大众，也就更多地接触了真实的民间疾苦。

第三十八节 伐西戎首战告负

小小的少年姬静胸中早已拥有了一颗成熟的心。他要制定一个详尽稳妥的整顿计划，他要一雪父亲被逐之耻，他要振兴王室！

于是，在恩人兼养父召穆公的大力支持下，姬静下令修复公室、广纳谏言，有何计划，都要积极征求大臣意见，以求领导班子的内部团结。同时安顿百姓、修缮武器，兴畋狩礼乐，效法"文武成康"四王遗风，从而达到安定社会、富国强兵的目的。

此时，在姬静身边聚集了召穆公、仲山甫、尹吉甫、程伯休父、虢文公、申伯、韩侯、显父、仍叔、邵穆公，张仲等一大批贤臣，在君臣的共同努力下，短短的几年后，西周王朝的"股值"大增，国内人心也渐渐安定下来。

国内形势稳定之后，为了使衰落的周王室权威得到恢复，解除周边四夷对西周边境的威胁，以姬静为首的西周王朝董事局又陆续发动了多场对周边部族的战争。

此时，大周王朝北有猃狁，西有西戎，东有淮夷，南有荆蛮，姬静首战剑指何方？这是一个非常重要的决定，因为此战关乎大周王室在诸侯中威信的重新确立。最后，他把进攻方向指向了西戎。西戎的称谓最早来自周代，古代居住于中原地区的汉民族自称华夏，把华夏周围四方的族人，分别称为东夷、南蛮、西戎、北狄，以区别华夏。西戎则是古代华夏人对西方少数民族的统称，即以"戎"作为对西方所有非华夏各族的泛称。

以姬静为首的西周王朝为何将首战目标选定西戎？至少有二。第一，周人发源于西方，西戎历来是周人的劲敌。西周王朝建立后，西戎或服或叛，长期威胁西周王朝的西部边境。而在厉王时期，西戎更是大肆东进，有进逼西周腹地之势。第二，此战的主力并非西周王室正规军，而是他的附庸军队——秦军，主要任务便是夺回被西戎侵占的大骆犬丘（今甘肃礼县城东）。

秦人对此战的热情很高，热情度甚至超过了周王室。因为，大骆犬丘这个地方对于秦人来说，意义重大。

大骆犬丘得名于大骆，大骆死后，嫡子嬴成继承了犬丘封地。

大骆的次子叫作非子，善于养马，被周孝王封于附庸国，封地为秦谷。非子便成了秦国的首位君主。

而在周厉王时期，西戎族趁周王室衰落，便反叛周王朝，灭了犬丘嬴成的全族，占据了大骆犬丘。

这对秦人来说，真是奇耻大辱，因为大骆犬丘是他们的发祥地。因此，秦人才会比周王室更渴望收回犬丘。他们可以在周王室的支持下，收复自己的祖宗之地，而周王室也可以假借秦人之手，进击西戎，进而以秦为西面屏障，保障王朝的安全。

于是，周王室将首战对象定为西戎！

前824年（周宣王四年），姬静任命秦国第四任国君——嬴仲为西周大夫，揭开了征讨西戎的序幕。

嬴仲绝非等闲之辈。在西周末年，有一位早于老子、孔子二百多年的一位伟大的思想家，名叫史伯。他提出了"和实生物，同则不继"的命题。他认为不同的事物互相结合才能产生百物，如果同上加同，不仅不能产生新的事物，而且世界的一切也就变得平淡无味，没有生气了。而当郑国国君郑桓公询向他"姜姓和嬴姓诸侯中哪个国家会强盛"时，史伯回答说："国土广大而且国君有德行的国家差不多都能强盛，嬴仲与齐侯吕购是嬴姓、姜姓中的俊杰，而且还是大国，恐怕他们都将强盛吧？"由此可见，嬴仲在西周末年的诸侯各国中素有英名。

嬴仲对此战充满信心。但战争主要拼的是实力，而不是只凭一腔热情。对于秦人来说，其实最好的方法是韬光养晦，等待时机。嬴仲接到宣王旨意，急于报仇雪恨，建功立业，便主动进击西戎。两年后，也就是前822年（周宣王六年），战争结果让秦人难以接受，不仅未收复犬丘，秦地也被西戎占领，国君嬴仲竟也战死沙场。国破君死，嬴仲虽不能称为杰出的军事家，但却无愧于勇士之名。

这场战争不仅对秦人是一巨大打击，对周宣王姬静的打击也不小。现在摆在姬静面前的问题格外严峻起来，如果此战就此罢手，停止对西戎的进攻，这将是一个可怕的开端，周王室在诸侯中的威望将进一步下降，四夷的侵扰将如同噩梦萦绕不去。

冷静地对形势进行分析，并果断地进行决断，这是作为一位优秀领导者的必备素质。回击西戎首战刚败，姬静便当机立断，召见嬴仲之子兄弟五人，给他们七千西周王室兵卒，命令他们继续讨伐西戎！

此五子，率兵卷土重来，直扑西戎，心藏国恨家仇，面对着盛气正足的西戎骄兵悍将，他们会收复失地，报仇雪耻，取得胜利吗？

第三十九节 昙花一现的中兴

周宣王姬静即位的第八个年头,周王朝对西戎再次发动了进攻。周军的统帅便是嬴仲的长子嬴其,他便是秦国的第五位君主秦庄公。

姬静把以嬴其为首的五兄弟召集起来,进行伐戎动员。此次,姬静不再只是对秦人给予精神上的激励,更是给予军力援助,派给兵力七千人。这在当时可不是个小数目。

西周、春秋时期,战争的主要形式是车战。当时的战车上载甲士三人,左主射,右主伐,中主御,而每一乘战车,配备步卒若干人。交战时,车驰卒奔,互相应合。七千战士,可配战车七百乘,可谓军力雄厚。而春秋时期,轰动一时的晋楚城濮之战,晋国也不过才出动战车七百乘。

此次秦戎之战,秦为哀兵,戎为骄兵。俗话说,两军交战,哀兵必胜。更兼秦又得了周王室七千精兵相助,竟一战击败了西戎。

姬静大喜过望,立即封嬴其为西陲大夫,并将大骆犬丘(甘肃天水市西南礼县一带)之地赐给了嬴其。

在中国历史博物馆中,藏有一传世器"不其簋",应该是秦庄公嬴其自己制作的器物,上面的铭文讲的就是这次伐戎之役。"不其"即嬴其。铭文显示,这次伐戎行动的总统帅为"伯氏"，他上对周王负责，下可指挥嬴其。这位"伯氏"是谁？也许是嬴其的伯父吧。

西戎暂平，北境猃狁依然猖獗。猃狁俗称犬戎，又称北戎，北狄，族名得自于图腾，自称祖先是二白犬，并以白犬为图腾，犬戎是西北最古老的游牧民族，活动于今陕、甘一带。

早在厉王时期，猃狁就多次进攻周室腹地。前823年六月，猃狁再次进攻西周，前锋部队竟已抵达泾阳（今陕西泾阳境内），直接威胁到镐京的安全，征伐猃狁已成了周王朝当务之急。

宣王姬静决定反攻。对猃狁之战的主帅之一便是大名鼎鼎的尹吉甫。

尹吉甫是尹姓族、吉姓族人共同的太始祖，是尹国的第一位国君，是一位文武全才的贤臣。

在文学方面，他是我国第一部诗歌总集《诗经》的采风者、编纂者，被尊称为中华诗祖。

在武功方面，尹吉甫以元戎十乘为先头部队，日行三十里在彭衙（今陕西白水东北）击败猃狁，继而追击至太原（今甘肃平凉附近），并在平遥一带驻防。中国国宝级文物、西周重器"兮甲盘"，上有铭文一百三十三字，便记述了尹吉甫随从周宣王征伐猃狁，对南淮夷征收赋贡之事。

此外，宣王又派卿士南仲率兵征伐猃狁。南仲受命之后，并没有直接发兵进攻，而是采用先固守军营城堡，稳扎稳打，步步进逼，使猃狁首领摸不到周军的行动计划。随着时间延长，等到猃狁斗志懈怠时，南仲调集大军，突然对猃狁发起总进攻，把猃狁打得大败而远遁，此后，南仲又在朔方筑城设防，从此确保了周朝西部边境的稳定。

前816年，宣王又派姬白（虢国国君虢季子）率军攻打猃狁，在洛水北岸大败猃狁，斩首500人，俘获50人。姬白在班师回朝举行献俘礼时，又命属下不其率兵追击败退至洛水的猃狁，取得胜利。此战过后，西周解除了猃狁之患，周宣王在太庙为姬白举行了隆重的庆典来表彰他的功绩，赏赐他马匹、弓箭、彤矢和斧钺并赐其征讨蛮夷的权力。虢季子白盘，现收藏于中国国家博物馆，是镇馆之宝。盘底部有铭文111字，讲述了这段史实。

早在西北将定之时，宣王已把目光转向了东方的淮夷。淮夷是淮河、汉江一带的东夷部族，又称南淮夷、淮南夷或南夷，自周穆王时期开始强盛，多次入侵伊水、洛水流域。

在周王朝的打击下，淮夷时服时叛。

宣王时淮夷停止纳贡，再次反叛，周宣王命召穆公姬虎率军征讨。师寰簋，现藏上海博物馆。据"师寰簋铭文"记载，此战师寰作为随军将领统帅齐、杞、莱等国军队，消灭了淮夷的冉、翼、铃、达四位首领，获得俘虏、牲畜及财物，取得战功。

而淮夷中最强者则为徐国，只有征服徐国，才算真正征服淮夷。宣王命南仲（卿士）和皇父（太师）在太祖庙整顿周六师，然后亲率大军与皇父（太师）、休父（司马、程伯、程国国君）前往征讨。大军沿淮水东行，经过激烈战斗，周军击败徐国。徐国臣服后，四周各方国、部族都臣服于周。

东方既平，宣王决定南伐楚国。

楚国又称荆蛮，虽然被周天子封为子爵，但楚国极少承担周王室的职责、义务，加之周天子抑制楚国发展，对于楚国国君的歧视以及楚国君主僭越称王，因而楚国屡次招致周王室的讨伐。前823年8月，周宣王以卿士方叔为将，率兵车三千进攻楚国，大获全胜。据推算，周宣王此次伐楚动用军队多达三万六千人。晋穆侯姬费王，是晋国第九任君主，在他的墓中所出土的楚公逆编钟，应在此战后作为战利品被周宣王获得后转赠晋穆侯。

宣王除军事上取得一系列成就之外，在政治上也采取了一些措施来恢复天子权威。如下令修建宫殿，命仲山甫前往齐国筑城，加强东方边境的防御。又如效仿先祖兴畋狩之礼，在东都雒邑（今河南洛阳）会见诸侯。而其最大的整治措施则是仿效周初武王和成王，分封诸侯。

封儿子姬长父于杨（今山西洪洞东南），建立杨国。封弟弟姬友于郑（今陕西华县东），建立郑国。把舅父姜诚（申伯，炎帝部落贵族，谢氏始祖）封到谢邑（今河南南阳），建立申国，作为镇抚南方的军事重镇。而原来在谢邑立国的吕国则被宣王改封于申国以西。

此外，周宣王还封卿士仲山甫于樊（今陕西长安区东南），建立樊国。又提高了韩侯的爵位，重修韩城（今山西河津至万荣县万泉乡一带），增加常备军，增强韩国（此为西周时期的韩国，武王第五子建立的国家，后被晋国吞并）作为屏障的作用，加强了北方的防务。

自此，衰落的周王室权威得到恢复，诸侯又重新朝见天子，四夷咸服，西周的疆域以及国家声望得到大幅扩大，史称"宣王中兴"。

然而，盛世下隐藏着危机。连年征战消耗国力，加剧了西周王朝的社会危机。更兼宣王晚年独断专行、不进忠言、滥杀大臣,宣王中兴遂成昙花一现。

宣王晚年多次对周边部族用兵,但大多以失败告终,而公元前789年的"千亩之战"则为宣王一生中最大的惨败,也为西周王朝敲响了丧钟。

《史记·周本纪》记载:"(宣王)三十九年,战于千亩,王师败绩于姜氏之戎。"《国语·周语上》中又记载:"此战,丧南国之师。"

"千亩之战"乃是宣王亲征,而此战惨败于姜戎,南国之师全军覆没,幸好晋穆公救援及时,又有好的御夫奄父驾车,宣王才得以突围。南国之师,指西周时江汉间诸邦在西周天子麾下服役的军队。

此战为何发生?不得而知。其实姜戎和周人本为同族,因为戎人中有姜姓、姬姓,后来,只是出于历史或文化的原因,使他们分道扬镳。诸如申人便是源于姜戎,先周时期姬姓周人便与申人世为婚姻,周太王之妃、王季之妃、周文王之祖母都来自姜戎,所以都被称为"太姜"。西周后期,申国仍不断与王室通婚,如周宣王的母亲也是来自申国,称为姜后,而申国的第一位国君就是宣王的舅舅姜诚。

宣王四十六年,姬静去世了,其子周幽王姬宫湦继位。历史对姬静的有关评价,似乎《明实录》最为完整公允:"虽然周宣王云汉之侧身,常武之平淮,内有山甫,外有申伯,非不赫然称盛,然乐色而忘德,失礼而晏起,不籍千亩,南国丧师,料太原,杀杜伯,以致虢公谏不听,山甫谏又不听,所以中兴之美未尽焉。"

第四十节 烽火戏诸侯的童话

前783年，姬静去世了，儿子姬宫涅继位。姬宫涅，也就是历史上大名鼎鼎的周幽王。

谥号是人死之后，后人给予评价的文字。"幽"是姬宫涅的谥号，这不是个好谥号。

早孤有位（刚刚接班就死了的）曰幽；壅遏不通（一意孤行）曰幽；违礼乱常（一意胡来）曰幽；暴民残义曰幽；淫德灭国曰幽。前782年至前771年，这12年是周幽王在位时间，所以"幽"义第一条不属于他，而其他几条则非他莫属了。

作为西周的亡国之君，幽王身上的污水自然被历代反复泼了不少。关于他最著名的故事莫过于"烽火戏诸侯"了。

据《史记》记载，因为宠妃褒姒不爱笑，周幽王便想出各种办法让她笑，但褒姒始终不笑。一次，周幽王点燃烽火，诸侯都率兵匆匆赶来。褒姒看到诸侯惊慌失措的样子，不禁哈哈大笑。周幽王为此非常高兴，之后便多次点燃烽火，戏弄诸侯。

幽王十一年，申国联合缯国、西夷犬戎攻打周幽王，周幽王再次点燃烽火召集诸侯援救，诸侯却没有前来援救。犬戎最终攻破首都镐京，在骊山之下杀死幽王，灭了西周。

这段历史在《吕氏春秋》也有记载，但这次周幽王不是点燃烽火，而是击鼓，不过其他情节基本相同。

每每读这段历史，就难免会想起"狼来了"这则寓言故事。在此段历史中，周幽王就像一个小丑，更像一个白痴，一位昏庸的痴情种。

难道周幽王真的亡于"烽火戏诸侯"吗？其实，只需对这段历史稍加思考推敲，真相就可大白了。

首先，"天子有难，诸侯来援"，这是周王朝严密的天子诸侯体系根本性的规则，而周幽王竟然拿这个根本性的规则开玩笑，居然还只是让自己的爱妃笑一笑，并且还神经兮兮地数次点燃烽火。一个成年的帝王，却如此昏庸，这实在让人难以置信。

其次，烽火确认出现是在汉朝，而西周不一定有烽火。就算有，烽火的传递速度也不是那么快，作用也未必有那么大。因为，幽王之世，西周虽然内忧外患，气数将尽，但其势力范围还是很大的，毕竟王畿千里。周都城镐京大约在今天西安附近，以距离周较远的封国齐鲁为例，从齐国的首都淄博到镐京距离有1000多公里，在汉代，烽火传递约要三天时间。而在当时的交通条件下，齐鲁大军要想跨越这1000多公里，估计至少也要一两个月。就算是距离其最近的晋秦郑等诸侯国也不可能一晚可达，至少也要十天半个月，毕竟他们都在周王畿千里之外。试想一下，幽王和褒姒登上骊山，在骊山上一直等上十天半个月，甚至一年半载才看到诸侯陆续赶来，黄花菜都凉了，还能笑得出来吗？

再次，幽王之世，天子的军力虽然有所衰弱，但还不至于衰弱到仅靠诸侯前来勤王的地步。

第四十节 烽火戏诸侯的童话

西周王室本身就有三支强大的军队,分为西六师、东八师、殷八师。

西六师驻守在都城宗周一带,即丰、镐之地,也就是今天的陕西西安周围,以保卫王朝的本土。

东八师驻在成周,即东都洛邑,也就是今天的河南洛阳。由于东八师驻守成周,所以也称成周八师。东八师的位置极为关键,它向东可镇守东方的广大疆域,向西可拱卫宗周的安全。

殷八师则是一支驻守东方殷商故地的军队。

这三支武装力量卫戍的地区虽然不同,但保卫周王室政权的目标却是一致的。所以,每当王室征调他们去执行重要的征伐任务时,往往相互配合,统一行动。

即便在幽王时期,周王室尚且对外发动好几场战争,如《国语·晋语》记载:周幽王出兵征讨有褒,胜而归;又如《竹书纪年》记载:幽王命伯士伐六济之戎。

因此,幽王灭亡的真正原因,归结起来,和烽火无关,和女人更无关,而是因为天不时,地不利,人不和。

何为天不时?天灾频繁。周幽王二年,发生多起严重的自然灾害,西周都城镐京(今陕西西安)发生地震,并引发泾、渭、洛三条河川发生震动。同年,泾、渭、洛三条河川枯竭,岐山发生崩塌。

何为地不利?周人最早发源于甘肃一带,后东下,多聚居于陕西境内。因此,西周王畿偏西,主要诸侯国也在东方。而陕甘一带多为戎人聚居之地。随着西周的衰落,势力收缩,西戎的势力随之扩大,晋秦郑等诸侯国也趁机扩大疆域,从而,周王朝的腹地被置于时常受到戎人侵扰的境地。

何为人不和？

首先幽王之际，王室对诸侯国控制力已大大减弱。这在宣王"千亩之战"后已露端倪。幽王时期，虢国灭了同姓的焦国。《竹书纪年》上只记"虢人灭焦"四字，并未提及此役为姬宫湦授意而发动。

此外，幽王还存在着用人不当的问题，他任用虢石父为卿士，执掌政事。而虢石父为人口碑极差，奸佞乖巧，善于奉承，贪图财利，幽王对他的重用，无疑激化了国内的矛盾。

而仅以上两点还不足以动摇周王室的根本。真正动摇王室根本的是幽王的废嫡立庶之举。幽王八年，周幽王废申后和太子姬宜臼，另立褒姒为后，并立褒姒的儿子伯服为太子。这就直接触犯了申后的父亲申侯等人的根本利益。因此，当时的太史阳伯就说："祸成矣！无可奈何。"

何祸？当然是原为王室屏障的申国的反叛，并在前771年联合缯国、西夷犬戎，最终杀了幽王，灭了西周。

故此，幽王之死，并非死于烽火戏诸侯，而是死于申国与犬戎的内外勾结。而且幽王之死并非死于犬戎的突袭，而是死于率兵征讨申国之战中。

这一点，钱穆在《国史大纲》中早有推论："举烽传警，乃汉人备匈奴事耳。骊山一役，由幽王举兵讨申，更无须举烽。"

在2012年，清华大学整理获赠的战国竹简（清华简）时，发现其上并无"烽火戏诸侯"的只言片语，却有另一番记载："周幽王主动进攻原来的申后外家申国，申侯联络戎族打败周幽王，西周因而灭亡。"这番记载正印证了钱穆论证的正

第四十节 烽火戏诸侯的童话

确性。

幽王于前771年被杀后，西周历史其实并未结束，而是出现了两王并立的局面。

第一位王是周携王，是周幽王的弟弟，名叫姬余臣，为周地百姓和周王室的王公贵族所立。

第二位王是周平王，就是周幽王所废的儿子姬宜臼，他也是申侯的外孙，为申侯、缯侯、许文公等人所立。

因为周平王是与周室为敌的申国所立，而且有弑父杀弟的嫌疑。而携王是周室所立，才是正统，因此获得了大部分诸侯的承认。然而，在20年后，也就是公元前750年，历史却发生了戏剧性的逆转。晋国，郑国、卫国、鲁国、许国、申国、犬戎竟然联合，支持周平王袭击了周王室，杀了周携王。

因"得国不正"，自知理亏，也为了报恩，周平王在击杀叔叔周携王后，将周室的根基之地关中平原赠予秦国，将膏腴之地汾洛割让给了晋国，王室直领的土地所剩无几，又封郑武公为上卿，将王室号令天下的权柄"礼乐征伐"轻易交给郑国，并控制成周八师军队。

此后，平王又在秦襄公、晋文侯、郑武公、卫武公这所谓的四大诸侯护送下，率王室东迁到了洛阳。史称"平王东迁"。

东迁之后，懦弱无能的周平王在内外交困中度过五十年，期间，周天子威严尽失，王室直领的六百里土地继续缩水，竟只剩下两百里，天下共主沦落为中等诸侯国的地位，周王室从此一蹶不振。

然而，在历史上，毕竟是平王集团获得了胜利。为了让自己有合法的继承地位，平王把周携王从正史上抹去，又开始往父亲幽王身上大泼脏水。而平王杀父弑弟，诸侯们不但坐视不救，反而落井下石，竞相瓜分周地，抢夺利益。为了掩饰这一事实，各诸侯也加入了极力抹黑幽王的队伍。毕竟幽王属于失败者，而历史往往是胜利者书写的。

　　因此，周幽王烽火戏诸侯，只是周平王弑父杀弟，诸侯不救周室反而瓜分其领地的遮羞布，一个用来掩饰西周末年礼乐崩坏真相的童话。